青花瓷鉴藏全书

陈士龙 编著

图书在版编目(CIP)数据

青花瓷鉴藏全书 / 陈士龙编著. —北京：中央编译出版社，2017.2

(古玩鉴藏全书)

ISBN 978-7-5117-3157-9

I. ①青… II. ①陈… III. ①青花瓷(考古)－鉴赏－中国②青花瓷(考古)－收藏－中国 IV. ①K876.34 ②G262.4

中国版本图书馆 CIP 数据核字 (2016) 第 253706 号

青花瓷鉴藏全书

出 版 人：	葛海彦
出版统筹：	贾宇琰
责任编辑：	邓永标　舒　心
责任印制：	尹　珺
出版发行：	中央编译出版社
地　　址：	北京西城区车公庄大街乙 5 号鸿儒大厦 B 座 (100044)
电　　话：	(010) 52612345 (总编室)　　(010) 52612371 (编辑室)
	(010) 52612316 (发行部)　　(010) 52612317 (网络销售)
	(010) 52612346 (馆配部)　　(010) 55626985 (读者服务部)
传　　真：	(010) 66515838
经　　销：	全国新华书店
印　　刷：	北京鑫海金澳胶印有限公司
开　　本：	710 毫米×1000 毫米　1/16
字　　数：	350 千字
印　　张：	14
版　　次：	2017 年 2 月第 1 版第 1 次印刷
定　　价：	79.00 元
网　　址：	www.cctphome.com　　邮　　箱：cctp@cctphome.com
新浪微博：	@中央编译出版社　　　　微　　信：中央编译出版社 (ID：cctphome)
淘宝店铺：	中央编译出版社直销店 (http://shop108367160.taobao.com) (010) 52612349

凡有印装质量问题，本社负责调换，电话：010-55626985

前言

  中国是世界上文明发源最早的国家之一,也是世界文明发展进程中唯一没有出现过中断的国家,在人类发展漫长的历史长河中,创造了光辉灿烂的文化。尽管这些文化遗产经历了难以计数的天灾和人祸,历尽了人世间的沧海桑田,但仍旧遗留下来无数的古玩珍品。这些珍品都是我国古代先民们勤劳智慧的结晶,是中华民族的无价之宝,是中华民族高度文明的历史见证,更是中华民族五千年文明的承载。

  中国历代的古玩,是世界文化的精髓,是人类历史的宝贵的物质资料,反映了中华民族的光辉传统、精湛工艺和发达的科学技术,对后人有极大的感召力,并能够使我们从中受到鼓舞,得到启迪,从而更加热爱我们伟大的祖国。

  俗话说:"乱世多饥民,盛世多收藏。"改革开放给中国人民的物质生活带来了全面振兴,更使中国古玩收藏投资市场日见红火,且急遽升温,如今可以说火爆异常!

古玩收藏投资确实存在着巨大的利润空间，这个空间让所有人闻之而心动不已。于是乎，许多有投资远见的实体与个体（无论财富多寡）纷纷加盟古玩收藏投资市场，成为古玩收藏的强劲之旅，古玩投资市场也因此而充满了勃勃生机。

　　艺术有价，且利润空间巨大，古玩确实值得投资。然而，造假最凶的、伪品泛滥最严重的领域也当属古玩投资市场。可以这样说，古玩收藏投资的首要问题不是古玩目前的价格与未来利益问题，而应该说是它们的真伪问题，或者更确切地说，是如何识别真伪的问题！如果真伪问题确定不了，古玩的价值与价格便无从谈起。

　　为了更好地解决这一问题，更为了在古玩收藏投资领域仍然孜孜以求、乐此不疲的广大投资者的实际收藏投资需要，我们特邀国内既研究古玩投资市场，又在古玩本身研究上颇有见地的专家编写了这本《青花瓷鉴藏全书》，以介绍青花瓷专题的形式图文并茂，详细阐述了青花瓷的起源和发展历程、青花瓷的种类和时代特征、收藏技巧、鉴别要点、保养技巧等。希望钟情于青花瓷收藏的广大收藏爱好者能够多一点理性思维，把握沙里淘金的技巧，进而缩短购买真品的过程，减少购买假货的数量，降低损失。

　　本书在总结和吸收目前同类图书优点的基础上进行撰稿，内容丰富，分类科学，装帧精美，价格合理，具有较强的科学性、可读性和实用性。

　　本书适用于广大青花瓷收藏爱好者、国内外各类型拍卖公司的从业人员，可供广大中学、大学历史教师和学生学习参考，也是各级各类图书馆和拍卖公司以及相关院校的图书馆装备首选。

编者

2016年11月于北京·阅园

目录

第二章
青花瓷的分类
一、按照名称分类／044
    1.白釉青花／044
    2.色釉青花／045
    3.青花釉里红／047
    4.青花加彩／054
二、按照青料分类／058
    1.苏泥麻青／058
    2.平等青／059
    3.石子青／059

第一章
认识青花瓷
一、青花瓷的来源／002
    1.青花瓷的传说／004
    2.青花瓷与外销／008
二、青花瓷的价值／014
    1.文化价值／015
    2.观赏价值／019
    3.历史价值／024
三、青花瓷的特征／032
    1.古代青花瓷的特征／033
    2.现当代青花瓷的特征／040

4.回青／065

5.浙青／068

6.珠明料／068

7.化学青料／068

三、按照装饰技法分类／069

1.青花类／069

2.青花釉里红／075

3.青花叠彩／076

四、按照款识分类／077

1.纪年款青花瓷／077

2.吉言款青花瓷／079

3.赞颂款青花瓷／081

4.纹饰款青花瓷／081

5.堂名款青花瓷／087

五、按照造型分类／087

1.玉壶春瓶青花／088

2.高足杯和高足碗青花／089

3.罐类青花／089

4.碗和杯类青花／092

5.笔筒类青花／095

第三章

青花瓷的市场价值分析

一、青花瓷市场价值的判定标准／100

1.形制／104

2.胎釉／111

3.发色／114

4.纹饰／118

5.款识／132

6.底足／133

二、青花瓷市场价值的影响因素／134

1.市场行情／134

2.时代审美／137

3.用料和用途／142

三、掌握投资青花瓷的技巧／147
    1.关注文物拍卖市场行情／148
    2.投资青花极品／150
    3.果断瞄准时机／152
四、青花瓷市场价值的未来走向／153
    1.青花瓷投资市场的现状分析／154
    2.青花瓷价值的未来发展趋势／157

第四章
青花瓷的收藏与选购

一、青花瓷的收藏、选购原则／161
    1.重原料／162
    2.重工艺／165
    3.重发色／167
    4.重款识／172
    5.以藏养藏／172
二、青花瓷的收藏与选购技巧／176
    1.提升专业知识／177
    2.信赖专业方法／180
    3.关注青花瓷行业发展／181
三、青花瓷的选购途径／183
    1.拍卖场／183
    2.展销会／184
    3.网络市场／188
    4.文玩市场／189
四、青花瓷收藏与选购的误区／191
    1.器型越大越好／191
    2.盲目相信拍卖标价／192
    3.文玩市场的老古董都是精品／193
    4.盲目相信瓷器的故事／195

第五章
青花瓷的养护

一、青花瓷的日常清洗／198
二、移动青花瓷的技巧／202
三、青花瓷存放禁忌／209

第一章

认识青花瓷

提到青花瓷这个名词，可能很多人都会觉得特别熟悉，但若是让你说出个所以然来，相信不少人都会立刻词穷。大多数人们听过青花瓷这个名词，都是来自于周杰伦的那首带有中国风的歌曲《青花瓷》，歌曲中的青花瓷似乎蕴藏着无穷的魅力，那么事实上青花瓷究竟是一种什么东西呢？不妨我们这就去认识一下吧！

△ **青花花卉图壶　明万历**

规格：高15厘米　直径12厘米

长圆鼓形，长弯流，弯把，卧足，盖为拱形附宝珠钮，壶身两面开光，内以青花绘变形菊花花卉图，画法率意简洁粗犷。

一　青花瓷的来源

青花瓷的釉色美得惊艳，历代制作青花瓷的大师们，将自己的传世之作凝固在青花瓷作品上，让使人们瞻仰膜拜。青花瓷在制作的过程中，经历过烈火的锤炼，所以历经上千年的历史，青花瓷的釉色依然宛如新生。

◁ **青花开窗杂宝纹军持　明万历**

规格：高19厘米　直径15厘米

军持，亦称"捃持""君稚迦"，梵语"Knudika"的译音，为佛教僧侣饮水、洗手器具，亦为伊斯兰教徒所用。此军持为外销瓷。2006年从英国拍卖会上拍回。此壶胎坚质细，修胎规整，有厚重感。胎釉结合紧密，釉面浆白色。壶身上下两部分开八面光，内以青花绘变形花卉，青花色调青兰深沉。图案纹饰时代感较强，其画意、笔法、布局等均有特定的时代韵律。

▷ 酱釉开光青花斗鸡纹壶　清乾隆

规格：高14厘米　直径23厘米

圆鼓形壶身遍施酱釉。直流，环形把上塑一拇指按，内嵌式壶盖两面开光，内绘花卉。壶身两面开光，内用青花单描手法绘斗鸡图，周围饰以萱草、花朵、垂柳。构图新颖活泼、生动有趣。斗鸡图纹饰在乾隆时期的瓷器上常见。作为传统娱乐项目的斗鸡在我国渊源很早，《墨子·小取》："且斗鸡，非鸡也；好斗鸡，好鸡也。"汉画像砖中也有斗鸡图。

◁ 青花云海龙纹壶　清同治

规格：高15厘米　直径22厘米

扁圆鼓形器身，内嵌式盔帽型盖附宝珠钮，弯流，耳型把，做工精细。器身四面绘青花云龙纹，龙五爪，昂首奔腾，神气盎然，旁绘云火纹。肩绘回纹，底部绘海水纹。

▷ 桃形青花八宝纹倒流壶　清同治

规格：高17厘米　直径21厘米

桃形倒流壶。足外撇，弯流，耳形把，表面敷青釉，壶身青花绘八宝纹。底有一孔，用以注水入壶。此类壶始见于明晚期，英人称此为"卡多根茶壶"。八宝纹为明清瓷器装饰纹样之一，也是典型的宗教纹样。特指以佛家常用象征吉祥的八件宝物为题材的纹饰，亦称八吉祥。八宝分别为：法轮、法螺、宝伞、白盖、莲花、宝瓶、金鱼、盘长结，由西藏喇嘛教在宋元之际传入内地。

△ **青花云龙壶　清光绪**
规格：高17厘米　直径21厘米
　　扁圆鼓形器身，敞口，圈足。内嵌式拱形盖附双狮钮。器身绘青花云龙纹。龙四爪，昂首奔腾，神气盎然，壶颈绘一周如意蝙蝠云水纹，内嵌式盔帽形盖附雕龙钮，壶腹一侧设多棱弯流，与其对应的另一面设多棱环形把。流和把上绘青花云纹。

1 | 青花瓷的传说

　　青花瓷被誉为我国的四大传统名瓷之一，青花瓷的美艳总是会让人们浮想联翩，因此关于青花瓷的传说也是五花八门什么版本都有。青花瓷的传说也让青花瓷身上有了一抹神秘色彩，不少人都是通过听青花瓷传说，继而去了解青花瓷的。

　　相传早在元代时期，有一名专门制作刻花的工匠叫作赵小宝，他有一名漂亮的未婚妻叫作廖青花。有一天青花看着正在工作的小宝，不禁问道："小宝，你刻在瓷坯上的花虽说好看，但是我觉得如果用笔画上去，会不会更好一些呢？"小宝听了未婚妻的话之后，就露出一脸难色，随后叹了一口气说道："其实你刚才说的这种想法，我几年前就已经想到了，可是一直苦于找不到一种适合的颜料，所以一直以来我只能坚持刻花。"

△ 青花云龙纹双兽耳大罐　元代
规格：高37.7厘米

△ 青花釉里红贴塑花卉纹盖罐　元代

△ 青花凤串花执壶　元代

青花看到小宝脸上遗憾的神情，自己在心中暗暗下定决心，她决定一定要帮助自己的未婚夫寻找到一种适合画花的颜料。随后，青花开始主动上门去求自己的舅舅帮忙找矿，并且恳求舅舅能够带着自己一起去找矿。古时候人们的思想还比较传统封建，所以青花的舅舅一开始并没有答应青花的请求，并且告诉青花找矿是一件十分辛苦的事情，女子是万万受不了这般辛苦的。可是，青花想要找矿的决心却十分坚定，在青花苦苦哀求之下，青花的舅舅最终只能随了她的心愿，带着青花一同进入山中寻找矿石。

时间一转眼就过去了三个月，青花与自己的舅舅进山的时候是秋天，可是这一晃就已经是冬天了，小宝见青花迟迟没有归来，心里十分着急，于是他决定进山去找青花。刺骨的寒风迎面吹来，让小宝浑身上下不禁打了个寒颤，冒着这刺骨的寒风小宝踩着皑皑的白雪进山了。因为此前小宝知道青花与舅舅两个人是去青石山寻找矿石，所以小宝一路朝着青石山的方向寻去，连续走了三天三夜之后，小宝终于来到了青石山下。小宝定睛一看发现，就在不远处的山谷中有一缕缕青烟冒了出来，这让小宝喜出望外，他感觉这袅袅的青烟发出来的地方，必定是青花与舅舅的所在地。于是他一刻都不敢耽误，朝着青烟

△ 青花牡丹纹大罐　元代

△ 青花兔纹匜　元代

发出的方向一路狂奔。

结果当小宝来到发出青烟的地方时，却被眼前所看见的情景惊呆了，原来青烟是由一个倒塌的炭窑中发出来的。小宝随后钻进了这个倒塌的炭窑当中，发现了里面有各种各样不同颜色的矿石，而在炭窑的一边还躺着一位奄奄一息衣衫褴褛的老人。小宝定睛一看发现这位老人不是别人，正是青花的舅舅，小宝来到舅舅跟前，将舅舅一把抱起，口中不停的喊道："舅舅，舅舅……"叫了好一会儿，舅舅才缓缓地睁开眼睛，看见眼前的人是小宝后，舅舅急急地对小宝说："快！快！快上山去接青花！"

小宝朝着舅舅手指的方向跑去，等小宝奋力跑到山顶的时候，却没有看见往日那个柔情似水的未婚妻青花，反而看见了青花躺在山顶上已经冻僵的尸体。在青花尸体旁还有很多已经选好的石料，可以想象青花在临死之前都一直拼命地护着身边的这些石料，小宝见状不禁嚎啕大哭。最终，小宝将青花的尸体掩埋好之后，便带上了那些青花临死之前都在保护的石料，并且搀扶着舅舅回到了镇上。

回家之后的小宝一心钻研青花用命换来的石料，他先将这些石料研磨成粉末，之后再配制成颜料，用画笔蘸着颜料将图案画在瓷坯之上。最后，将这些画好的瓷坯放入窑中经过高温烧制，最终烧制好的瓷器上出现了青翠欲滴的蓝色花纹，这些花纹在瓷器上白里泛青，明艳动人，这就是最早出现的青花瓷。后人们为了纪念寻找到青花颜料的廖青花，将瓷器的名字命名为青花瓷，而这种专门用于制作青花瓷的颜料则被后人们称为"青花料（廖）"，这种说法也一直被人们沿用到今天。

2 | 青花瓷与外销

自从青花瓷问世以来,由于其颜色青翠欲滴以及清新明亮的风格,一直备受世人喜欢。青花瓷被人们誉为瓷器中的明珠,自古以来人们将青花瓷视为艺术与实用的完美融合。青花瓷不仅仅受到了中国人的喜爱,就连外国人也被青花瓷的魅力所折服,外国人甚至用收藏青花瓷作为自己身份与地位的象征。

△ **青花开窗杂宝纹军持　明万历**

规格:高19厘米　直径15厘米

此军持从欧洲购得,胎坚质细,修胎规整,有厚重感。胎釉结合紧密,釉面浆白色。壶身上下两部分开八面光,内以青花绘变形花卉,壶颈绘芭蕉纹。青花色调青兰深沉。图案纹饰时代感较强,其画意、笔法、布局等均有特定的时代韵律。

△ **青花人物纹扁壶　清光绪**
规格：高17.7厘米　直径12厘米

春秋时期铜扁壶样式。器身扁圆，高直颈，高圈足，多棱曲柄、弯流，器身饰缠枝莲花纹，两面开光，饰婴戏纹，有垂柳、栏栅、洞石。足部饰璎珞纹。

中国瓷器在国际上十分有名，但是青花瓷却是所有瓷器中外销产品中销售情况最好的一种。经过一些学者们的研究后发现，最早的青花瓷外销可以追溯到明朝嘉靖皇帝时期，一直到清朝的康熙早期，这个时间段属于青花瓷外销的第一阶段。随后，从清朝康熙中期一直到清朝乾隆中期为第二个阶段。最后，从清朝乾隆中期以后，一直到清末时期为第三个外销阶段。

事实上，青花瓷从元代烧制成功之后不久，便成了外销瓷器了。元代时期的青花瓷，主要被销往中东国家，现如今在土耳其的托布卡比宫中还存有大量的元代青花瓷，其他国家的博物馆中也有数百件青花瓷藏品，人们都将青花瓷视为珍宝小心收藏。明代青花瓷的发展速度极快，早在公元1405年，也就是明朝永乐三年，著名的航海家郑和曾经七次下西洋。随之而来的就是明朝的海外贸易得到了迅速发展，瓷器就是当时的主要外销商品之一，为了能够满足外国人对瓷器的需求，当时烧制的瓷器都具有外国特色。例如，远销伊斯兰国的瓷器，一只印有阿拉伯文的永乐青花瓷碗，如今收藏在我国西安博物院中。这只阿拉伯文永乐青花瓷碗，碗沿内部有一周波涛海水纹，碗的腹部绘有变形的花叶，碗的下腹部则有一周的缠枝花。在碗底的位置，还有一些变形的花朵纹，碗的外沿有一圈阿拉伯文字，文字的意思为：真主啊，保佑我们！青花瓷虽然是独具中国特色的瓷器，但是瓷器上的花纹却具有伊斯兰特色，这就是当时为了顺应市场需求而制作的外销瓷器。

△ **青花开光人物双系壶　清光绪**

规格：高18厘米　直径19厘米

　　圆鼓形壶身，弯流，斜肩，直颈，圈足。内嵌式壶盖附宝珠钮，盖上六面开光绘各种花卉。肩饰草席纹，颈饰一圈回字纹。壶身六面开光，两面饰仕女持花纹，两面饰莲池荷花纹，两面饰菊花纹。壶的一侧置长弯流，肩附两系，用以系铜绳提梁。

嘉靖时期，海上交通运输业得到了迅速的发展，从而促进了欧洲人与中国人的海外贸易，瓷器就是当时最主要的外销商品之一。制作精美的青花瓷，当时还被作为礼物赠送给英国女王。公元1602年，葡萄牙的商船"克拉克"号在海上遭遇了抢劫，船上有大量的中国外销青花瓷。这个时期的青花瓷作品中都有一个主图案，在瓷器的外围还有多个开光图案，最初这种青花瓷上的纹饰图案还具有中国的传统特色，但是到了后来纹饰的图案发生了改变，渐渐地出现了一些带有异国情调的纹饰，这些瓷器被称为"克拉克"瓷。这一时期的青花瓷上的纹饰图案之所以会出现异国情调，主要是因为西方国家在下订单之前，就已经绘制好了瓷器的纹饰，因此中国生产的青花瓷才会出现外来的纹饰图案。

△ **青花龙纹大壶　清光绪**
规格：**高22厘米　直径22厘米**

梨形壶身，敞口，圈足，弯流，多棱曲形把。内嵌式壶盖呈盔帽形附宝珠钮。壶肩饰一圈缠枝纹，壶盖沿饰一圈回字纹。壶身六条驾云腾龙，配以云火纹。器形硕大，发色鲜艳，绘法精细。龙的形态活跃传神。

到了清朝康熙、雍正、乾隆时期，一些外销的青花瓷上还保留了传统的中国纹饰图案，例如历史人物以及戏曲人物等等。有一些特有的青花瓷，瓷器的中部采用中国的传统纹饰，而瓷器的两端纹饰图案却是外来的。另外，为了适应西方人对瓷器的需求，当时还烧制了一些器型和色彩都比较独特，且瓷器上带有许多中国纹饰与外国纹饰的青花瓷。

中国民窑中生产的青花瓷也远销海外，民窑中生产的青花瓷图案主要以风景或花鸟鱼虫为主。早在20世纪70年代的时候，景德镇曾经烧制出一种叫作"青花梧桐"图案的青花瓷餐具，因为图案精美还荣获了国家优质产品的称号。随后，德国、捷克、波兰等国家，都对景德镇所生产的梧桐青花瓷给出了高度评价，迄今为止梧桐青花瓷一直受到国外顾客的喜欢。

△ **青花深山携琴访友盖瓶　清康熙**

规格：通高52厘米　口径16厘米　底径6.6厘米

器型规整端庄典雅，台阶底修足规整，胎质洁白细腻呈糯米胎，树叶款。煅烧法的浙料发色浓艳深沉不飘浮。山水人物的绘画浓淡层次分明、墨色渲染远山近水人物尽收眼底，犹如一幅美丽的风景画，彰显了古代窑厂绘画大师非凡的绘画功力，清晰的描绘了古代的人间仙境。绘画清晰的描述古人不辞辛苦翻山越岭去探亲访友的场景，独钓寒江显示了古人为了招待远到而来的亲朋好友去深海捕鱼的场景。

△ **青花开光山水仕女庭院纹盖罐　清康熙**

规格：通高62厘米　口径10.3厘米　底径6.6厘米

器型硕大。器型端庄规整。二层台阶底，树叶款，胎质洁白细腻呈糯米胎。煅烧法的浙料发色沉稳、青翠欲滴、幽倩美观，明净艳丽、清朗不浑、艳而不俗。绘画层次清晰、留白布局合理恰到好处。远山近水楼阁人物、层峦叠嶂、层次感立体感强烈，犹如一幅水墨画，给人以清新明亮的视觉享受。绘画兼工写意。

△ **青花西洋宫苑盆景大花觚　清康熙**

规格：通高54厘米　口径10.3厘米　底径6.6厘米

　　器型硕大，器型端庄规整。青花发色沉稳、青翠欲滴。敞口，高颈上张，微隆扁弧腹，胫边外撇，二层台底，胎白坚致，施浆白釉。器主体纵半部各开光绘画西洋宫苑图，另纵半部各开光内绘画盆景花卉图。底落青花新叶款。

二 青花瓷的价值

青花瓷的价值主要体现在文化价值、观赏价值以及历史价值上，虽然说青花瓷的名号响当当，知道青花瓷的人也非常多，可是真正了解青花瓷价值的人却十分少。这一节中将为大家重点介绍一下青花瓷的三种价值。

△ **青花高士图壶　明万历**

规格：高20厘米　直径17.5厘米

此壶样式由宋代影青釉执壶样式变化而来。弧形流置于腹部，提梁跨盖立于肩部两侧。通体以回青料绘制，青花发色艳丽。纹饰采用单线平涂的手法，使纹饰富有层次感。壶口及近足处均饰两道弦纹。壶身两面六瓣开光，内绘青花高士图。周围饰以勾栏、松石。高士图是指人物图画中以文人雅士情趣生活为题材的纹饰。

1 | 文化价值

青花瓷总会给人一种清新典雅的感觉,因此历代的文人骚客们都十分喜爱。一些文人们喜欢将自己的作品绘制在青花瓷上,这样将会有永世流传的机会,而且青花瓷特有的颜色也彰显了文人们的高雅品位。青花瓷本身就好像是一本带有文化价值的历史书一样,因为它身上的精美图案,反映了不同时期的文化思想以及文化内涵。

△ **青花开窗人物提梁壶　明万历**

规格:高17厘米　直径16厘米

此壶得之于一台湾藏家。小直口,鼓腹,平底,肩部有提梁,弯流,盖为拱形绘八宝纹附宝珠钮,壶身两面开光,开光外饰云水纹,开光内绘仕女人物图。配以勾栏、芭蕉、桌椅、书画等。其人物造型简洁准确,衣纹自然,画法以单线平涂为主,青花色泽艳丽青翠,为本朝之典型器。

△ **青花六棱山水纹壶　清康熙**

规格：通高13厘米　直径17.5厘米　底径6.6厘米

通体六棱形。盖作瓜棱宝珠钮，拱弧面。壶，矮直口，丰肩，弧腹，下腹渐收，胫渐张，平底，框足。腹部一侧置直流，另一侧为柄。胎质洁白坚致。青白釉色泛灰，青花绘纹饰，呈色鲜艳。盖钮涂青花。盖面和腹部分别饰山水、花卉纹。

△ **青花六棱莲花纹壶　清康熙**

规格：通高13厘米　直径17.5厘米　底径6.6厘米

越南金瓯沉船海捞瓷。器形规整端庄，胎质洁白细腻呈糯米胎。青花发色沉稳淡雅、绘画精美。六开光内分别绘莲花花卉。莲花 在佛教上被认为是西方净土的象征，是孕育灵魂之处。佛身多置于莲花之上，所以佛座亦称莲座。历代诗人赞美莲花出污泥而不染，濯清涟而不妖。

△ **青花指日可待纹大壶　清雍正**

规格：通高13厘米　直径17.5厘米　底径6.6厘米

  盖作宝珠钮，拱圆弧面，子口；壶，圆口，溜肩，鼓圆腹，下腹渐收，平底，圈足。腹部一侧置直流，对应一侧为圆条弯曲柄。胎体洁白坚致、细腻、轻薄。釉色泛灰。以青花绘纹饰，呈色翠兰。纽涂青花，纽根饰双弦纹，盖面以菱纹锦地弧形开光边饰折枝花卉纹。壶流下壁及柄面饰草卉纹，胫足部饰弦纹；腹部以菱纹锦地边饰童子放牧图。

  比如说，元代的青花瓷通常体型都比较重大，青花瓷上的图案比较密集而且具有非常浓重的伊斯兰风格，这就充分地反映了我国元代时期与伊斯兰地区的贸易往来十分密切。另外，元代时期的青花瓷的画风十分奔放，这一点足以突出当时人的豪放性格。

  明代晚期的青花瓷画风突变，与以往差异最大的便是青花瓷上的纹饰了。明晚期嘉靖年间以及万历时期，青花瓷的纹饰多采用了寓意吉祥的纹饰，青花瓷的制作题材也多采用仙道为主题，这与当时社会中，人们崇尚佛教和道教有很大关系。到了明朝末期的时候，青花瓷的风格又发生了转变，当时多数的青花瓷采用写意的手法，这一点能够充分反映，明朝末期内忧外患的政治局面。

△ **青花龙凤纹壶　清雍正**
规格：通高13厘米　直径17.5厘米　底径6.6厘米

盖作宝珠钮。微弧面，子口，壶颈直，圆腹，曲流，耳形柄，圈足，施青白釉。盖内沿和子口及壶内口边露白细砂胎。器型规整端庄，胎质洁白细腻呈糯米胎，树叶款。壶一边线描绘龙纹，另一边绘凤纹，龙飞凤舞，寓意龙凤呈祥。绘画精美纹饰布局合理、青花发色浓艳层次分明。

　　到了清朝康熙时期，天下太平，中国进入了一个太平盛世的阶段，与此同时中国的手工艺也得到了快速的发展。当时制作青花瓷的技艺也达到了一定的高度，这个时期制作出来的青花瓷层次感十分强，而且青花瓷上绘制的纹饰也恢宏大气，可以充分反映出当时的社会风貌。不同时期的青花瓷，都可以变现出不同的风格，这与人们受到的文化教育，与社会的影响都有很大的关系，所以说青花瓷具有非常不错的文化价值。我们可以通过青花瓷去探索它们存世的年代中的不为人知的秘密，青花瓷的存世也为人们了解历史做出了巨大的贡献。

2 | 观赏价值

青花瓷被誉为火中凤凰,不仅因为烧制的过程需要采用高温,同时还因为其身上带有极具中国民族特色的传统图案。青花瓷真正地做到了,将精美瓷器与中国艺术相结合,也展现出了青花瓷特有的观赏价值。青花瓷的瓷胎洁白如雪,而上面的青花图案却浓郁青翠,如此鲜明的对比让瓷器上的图案更具观赏价值。中国历代的瓷器大师们,将毕生的心血都投入在来烧制青花瓷上,因此青花瓷的身上才能够有无数幅设计精美的中国画。由于青花瓷的表面具有温润如玉的质感,加上釉色绚丽多彩,以及烧制时火候把握的恰到好处,让青花瓷成为来艺术珍品。

△ 青花高士图壶　明万历
规格:高15厘米　直径12厘米
　　长圆鼓形,长弯流,弯把,盖为拱形附宝珠钮。壶口及近足处均饰两道弦纹。壶身两面四瓣开光,内以青花绘高士图,周围饰以勾栏、松石。高士图是指人物图画中以文人雅士情趣生活为题材的纹饰,画法简洁随意。

青花开窗杂宝纹军持　明万历

规格：高18.5厘米　直径15厘米

18世纪外销欧洲的瓷器。壶口沿镶铜口为当地人的习惯。釉面浆白色。壶身绘花瓶、书匣、石榴、如意等。壶肩绘芭蕉纹，青花色调青兰深沉。图案纹饰古朴雅致，其画意、笔法、布局等均有特定的时代韵律。

在元代时期，青花瓷是非常难得的艺术品，当时只有王尊贵族们才能够收藏欣赏，平民百姓难得一见。青花瓷上的图案都具有很高的艺术价值，古代的时候文人骚客们都喜欢将自己的得意之作画在青花瓷上，瓷器相比纸质画作更加能够流芳百世。因此，一件件制作精美且具有艺术价值的青花瓷就这样诞生来。青花瓷的主题有很多，历代的艺术大师们主要倾向于创作风景画，优美的大自然风光与青花瓷相结合，更加能够彰显浑然天成的艺术气息。青花瓷的创作花样百出，而且历朝历代都有制作青花瓷的大师诞生。

△ **青花指日可待纹壶　清雍正**
规格：通高13厘米　直径17.5厘米　底径6.6厘米

盖作宝珠钮，微拱弧面，子口；壶，圆口，矮直颈，圆腹，平底，浅圈足。腹部一侧置直流，对应一侧为圆条弯曲柄。胎体洁白坚致、细腻、轻薄。釉色泛灰。以青花绘纹饰，呈色翠蓝。钮涂青花，钮根饰双弦纹，盖面以菱纹锦地弧形开光边饰折枝花卉纹。壶流下壁及柄面饰草卉纹，胫足部饰弦纹；腹部以菱纹锦地边饰直上青云图，描绘一牧童骑于牛背上，将草帽抛向青天，寓意仕途平步青云。

景德镇的青花瓷从元代开始就已经成了十分珍贵的贡品,由于景德镇位于我国南方地区,所以制作风格偏江南风格,清明两朝的青花瓷制作名家们,更是受到来当时文化的熏陶,制作出来的青花瓷作品更是美轮美奂,成为来世代相传的珍品。新中国成立之后,景德镇还创建来专门学习陶瓷制作技艺的学校。从此之后,在制作青花瓷的风格上也就更加的多样化了,现如今景德镇的青花瓷不仅具有中国传统的古典风,还融合了现代的艺术风格,真正做到了传统与现代的相结合。所以说,现如今景德镇的青花瓷,虽说历史远远不及古时候留下来的青花瓷

△ **青花白描卷枝花卉纹壶　清雍正**

规格:通高13厘米　直径17.5厘米　底径6.6厘米

盖作宝珠钮,微坡面,子口。壶,平口,鼓圆腹,平底,圈足。腹部一侧置直流,另一侧为柄。胎质洁白坚致。釉色青白,青花绘纹饰,呈色淡雅。盖钮涂青花。盖面作卷枝花卉纹,肩部绘锦地弧形开光朵花纹边饰,腹部白描缠枝花卉纹。流上壁饰四叶纹,下壁饰折枝花卉纹。

那样悠久,但是新的青花瓷作品同样具有极高的观赏价值,而且现代生产的青花瓷在制作工艺上远比古时候更加娴熟,经过了多次改良之后,制作出来的青花瓷品质相比过去更胜一筹。

青花瓷虽然拥有艳丽的颜色,但是却不给人妖艳的感觉,反而会给人们留下一种素雅的印象。加之青花瓷拥有写实写意的风格,制作工艺巧夺天工,作品中蕴含的意境深远,因此自古以来青花瓷一直都受到中外人士的喜爱。

△ **青花《西厢记》张生跳粉墙故事纹壶　清雍正**
规格:通高13厘米　直径17.5厘米　底径6.6厘米

　　盖作宝珠钮,微拱弧面,子口;壶,圆口,矮直颈,圆腹,平底,浅圈足。腹部一侧置直流,对应一侧为圆条弯曲柄。胎体洁白坚致,细腻,轻薄。釉色泛灰。以青花绘纹饰,呈色翠蓝。钮涂青花,钮根饰双弦纹,盖面以菱纹锦地弧形开光边饰折枝花卉纹。腹部以青花饰《西厢记》张生跳粉墙图,描写元代王实甫《西厢记》红娘伴崔莺莺到后花园,园门闭锁,张生为与之相会而跳粉墙的故事。

　　上海闵行博物馆、江阴博物馆、广西博物馆先后有同类瓷器展出。

3 | 历史价值

前面我已经提到过了，关于青花瓷的文化价值与观赏价值都非常高，除此之外青花瓷还具有很高的历史价值。提到青花瓷的历史价值，最早可以追溯到唐代事情，虽然说早在宋代时期青花瓷就已经在生产了，但是毕竟那个时候青花瓷的生产还处于一个最初级的阶段。当时的那个时期里，中国的手工艺制造业发展速度还十分缓慢，因此传世的青花瓷数量极其稀少。随着时间的推移，来到元代时期的时候，青花瓷的事做工艺已经趋于成熟了，尤其是当时江西景德镇地区生产的青花瓷，其制作工艺更是十分精致。而且现如今还有一部分元代青花瓷传世至今，成了全世界各大博物馆中的珍藏，与此同时也成了各大拍卖会中的抢手货。

元代时期中国的青花瓷制作技艺已经比较成熟了，元代的青花料有两种类型，一种是国产的，而另一种则是进口的。最早人们制作青花瓷采用的色料多是来自于海外，这种色料被人们称为"苏青"。元代的青花瓷的胎体比其他时期的青花瓷胎体更加厚重一些，而色彩也相对比较鲜艳。当时，青花瓷制作大师们制作出来的青花瓷，构图比较复杂，多采用了多层的装饰。青花瓷的纹饰多采用缠枝花、鸳鸯、龙凤、山水以及人物故事为主题，主题内容丰富而且绘制图案的笔法生动传神，青花瓷的画面丰富且具有层次，图案结构饱满。因为受到了喇嘛教的影响，当时还有不少青花瓷上出现了莲花、八宝、大云头等纹饰图案。元代青花瓷的造型古朴典雅，既有制作比较大气的大盘、大碗以及大罐等器物，也有一些制作比较小巧精致的小器物，例如高足碗、盘、高足杯等器物，这些器物的胎体都十分轻薄，制作也十分精致。元代青花瓷的绘画线条苍劲有力，这也足可以反映出元代工匠们制作青花瓷的高超技艺。

明代时期的青花瓷制作工艺已经发展到了一个鼎盛时期,当时不论是官窑还是民窑中生产的青花瓷,制作工艺都十分精美,而且也有不少青花瓷一直保留到今天,成了传世的佳作。明代的青花瓷一直都被人们视为是青花瓷的典范,因此一直到今天,制作青花瓷的工匠们,依然还在模仿当时工匠们的制作技艺。尤其是明朝的永乐时期、宣德时期、嘉靖时期以及万历年间官窑烧制的青花瓷,更是经典中的经典。当时官窑烧制出来的青花瓷胎釉细腻,青花颜色浓郁,青花瓷的造型也更加丰富多样,装饰也相较于其他时期更加丰富。

△ **青花缠枝纹碗　明洪武**
规格:高10.5厘米,直径20.5厘米

△ **青花一把莲纹大盘　明永乐**
规格:直径42厘米

△ **青花缠枝莲盘　明永乐**
规格:直径27.7厘米

△ 青花云龙纹扁壶　明永乐

规格：高51.2厘米

第一章 认识青花瓷

△ **青花一把莲大盘　明永乐**
规格：直径34厘米

△ **青花折枝花卉纹墩式碗　明永乐**
规格：直径18.2厘米

到了成化年间的时候，制作青花瓷时采用了全新的青料，这种青料叫作"平等青"，也被称为"陂塘青"。这种青料的产地主要是江西的瑞州，青料的发色稳定，而且颜色柔和，烧制出来的青花瓷色泽清新淡雅。成化青花瓷不仅色泽与众不同，用手触碰之后还有一种玉质的感觉，胎质白皙细腻，可谓是青花瓷中的佳品。明代嘉靖到万历年间，这段时间烧制青花瓷所用的青料是一种叫作"回青"的色料，这种色料不是国产的，而是来自于阿拉伯地区的外来色料。

△ **青花花卉纹八角烛台　明永乐**

到了清代康熙、雍正、乾隆年间的时候，由于三位皇帝都比较重视瓷器的发展，因此当时青花瓷的制作水平又提高了另一个新高度。清代的民窑青花瓷的制作风格更加生动活泼，而且样式也相比过去要更加丰富，与此同时当时的青花瓷上的图案还采用了很多历史题材以及戏曲故事。中国四大古典名著中的《三国演义》也成了青花瓷的制作题材之一，除此之外《西厢记》等题材也出现了青花瓷上。虽然说青花瓷的图案纹饰都采用了同一种色调的色料，但是由于浓淡度不同和深浅不一的层次，即便是同一种颜色，依然可以表达出不同的意境。清代官窑的青花瓷制作时，要求器物的大小要适度，而且青花瓷表面的画面要具有神韵，造型也要富于变化。民窑青花瓷相比官窑青花瓷风格则要更加活泼一些，具有独有的民间风格。

△ **青花六棱莲花纹壶　清康熙**
规格：通高13厘米　直径17.5厘米　底径6.6厘米
　　器形规整端庄，胎质洁白细腻呈糯米胎。青花发色沉稳淡雅、绘画精美。六开光内分别绘莲花花卉。莲花在佛教上被认为是西方净土的象征，是孕育灵魂之处。佛身多置于莲花之上，所以佛座亦称莲座。历代诗人赞美莲花出污泥而不染，清涟而不妖。

△ **青花渔樵耕读图纹壶　清康熙**

规格：通高13厘米　直径17.5厘米　底径6.6厘米

盖作宝珠钮，微拱弧面，子口；壶，圆口，矮直颈，圆腹，平底，浅圈足。腹部一侧置直流，对应一侧为圆条弯曲柄。胎体洁白坚致，细腻，轻薄。釉色泛灰。以青花绘纹饰，呈色翠蓝。钮涂青花，钮根饰双弦纹，盖面以菱纹锦地弧形开光边饰折枝花卉纹。腹部以青花饰《渔樵耕读图》，描写了严子陵一生不仕，隐于民间，垂钓终老的故事。

△ **青花梨形喜上眉梢纹壶　清康熙**

规格：通高13厘米　直径17.5厘米　底径6.6厘米

器形规整，胎白素洁，青花发色艳丽。通体呈瓜棱状。盖作宝珠钮，拱圆面，子口。壶，圆口，溜肩，滚圆腹，胫渐收，平底，矮圈足。腹部一侧置流，另一侧为柄。胎质洁白坚致，细腻。青白釉色泛灰，青花绘纹饰，呈色翠兰。盖钮涂青花。盖面以弦纹边饰折枝花卉纹，腹部画喜鹊登梅纹，有喜上眉梢之意。

△ **青花开光山水人物纹花觚（胖）　清康熙**

规格：通高13厘米　直径17.5厘米　底径6.6厘米

敞口、筒身，中部凸弧腹，胫部下张。二层太地底足。胎质洁白坚致，釉色泛白，青花绘纹饰，呈色翠蓝。器口内绘曲折纹边饰，外壁颈、腹、胫部分别作莲瓣形、矩形和扇形开光，各开光内分别绘山水人物纹。

△ **青花开光山水纹花觚（瘦）　清康熙**

规格：通高28厘米　直径7.5厘米　底径6.6厘米

敞口、筒身，中部凸弧腹，胫部下张。二层太地底足。胎质洁白坚致，釉色泛白，青花绘纹饰，呈色翠蓝。器口内绘曲折纹边饰，外壁颈、腹、胫部分别作莲瓣形、飘影莲瓣形开光，各开光内分别绘山水人物纹。

三 青花瓷的特征

每个朝代所生产的青花瓷都具有不同的特征,这些特征与时代发展有重要关系,人们透过青花瓷上的不同特征,可以判断出青花瓷的生产年代。那么古代与现当代的青花瓷,都具有哪些不同的特征呢?

△ **青花人物壶　明中期**
规格:高17厘米　直径12厘米

玉壶春形壶身,直口,长弯流,流和壶肩设一横梁,和流对应处设一耳形把。壶口和近足处各绘两道弦纹。壶身通周绘高士拜友图。周围饰以雕栏、洞石、云彩、草木。人物纹饰生动,层次清晰,线条飘逸流畅,青花色调淡雅。为明末难得一见的精品。

1 | 古代青花瓷的特征

青花瓷与其他瓷器不同，因为它们具有特有的颜色，白底蓝花的绝妙搭配，让青花瓷成了陶瓷史上的一朵奇葩。制作青花瓷时，需要用青料在瓷器的素胎上画出各种不同的图案，瓷胎经过上釉处理之后，再被拿到温度为1200℃以上的窑中进行烧制，最终漂亮精美的青花瓷就这样出现在人们面前了。青花瓷的颜色虽然比较单一，但是却不单调；青花瓷的图案虽然简单，但是却一点都不让人觉得世俗。青花瓷绝妙之处就在于，同一种颜色不同的深浅程度，凝造出内容丰富的图案。

绘制青花瓷的技法与画国画基本一致，同样都是通过深浅不同的色调去让简单的图案变得丰富起来，而且在题材的选择上，青花瓷题材也与国画十分相似。青花瓷图案具有简洁明快的风格，而且清新雅致的图案装饰性极强，加上青料颜色经久不衰，即便是历经千百年依然色泽如新，光彩依旧。青花瓷低调奢华的纹饰风格，受到了国内外人士的喜爱，也在世界瓷器制造史上有着非常重要的地位。

我国元代时期出土的青花瓷的青料中有一些黑色的斑点，青花瓷表面图案的绘制线条还有一些晕散的现象，有一部分元代青花瓷的青料颜色呈现出鲜艳的蓝紫色，这种色料我们称为"苏泥勃青"类型。这种色料与我们现如今使用的氧化钴配制出来的青料十分相似，有一些色料制作出来的青花瓷图案还可能出现灰青色的颜色。之所以出现了不同的颜色，可以说明元代时期的青料来源比较广泛，所以颜色才会出现很大差异。元代青花瓷的色料比较丰富，但制作的器型却十分工整，花纹绘制也十分细腻，具有很鲜明的时代特点。

明代青花瓷算得上是青花瓷的黄金生产时期，尤其是在明代宣德时期，青花瓷的制作甚至达到了巅峰时期，这个时期制作青花瓷的工匠们采用了进口的钴料，也就是被称为"苏泥勃青"的色料。这种色料内含铁量十分高，但是含锰量却相对比较低，如果烧制时的火候掌握得恰到好处，烧制出来的青花瓷颜色会呈现出鲜艳的宝蓝色。但是使用这种色料烧制出来的青花瓷，通常在瓷器的表面都会出现带有金属光泽的小黑点，这种青花瓷就是典型的宣德时期的青花瓷。

清代时期生产的青花瓷，在明代先进的生产技艺之下，继而发展出更加高超的制作技艺，尤其是清代康熙、雍正、乾隆年间，生产出来的青花瓷无论是在造型还是在釉彩等方面，都有了显著的提高。清代青花瓷的色料颜色，与现如今云南明料的色调十分相近，颜色十分艳丽。清代的青花瓷图案与明代的有所不同，清代的图案主要以人物、花鸟以及山水为主，也被人们称为清代三冠。清代青花瓷与明代青花瓷在样式上有了很大的改变，造型变得更加挺拔了，青花瓷的色调也更加青翠了，在画法上相比明代时期的青花也更加精细了，在分色的层次上也更加丰富。工匠们在绘制青花瓷图案的时候，甚至可以一笔画出深浅不一的笔韵，绘画技巧上相比过去也更加成熟了。

△ **青花折枝花卉纹盖罐　清康熙**

规格：通高32厘米　直径7.5厘米　底径6.6厘米

盖作莲子纽，拱圆面，折沿，子口；罐，平圆口，高直颈，圆弧肩，鼓弧，下腹渐收；高胫下张，二层台圈足。胎白坚致，施浆白釉。盖内沿和罐内口边露白细砂胎，青花绘饰纹样，呈色青中泛灰。盖钮涂青花，罐颈饰折枝花卉，盖面作四扇形开光，身部以曲折纹边饰三层莲瓣形开光，各开光内绘折枝花卉纹。底款落青花叶纹。

第一章 认识青花瓷

△ **青花开光山水人物冬瓜罐　清康熙**
规格：通高52厘米　直径7.5厘米　底径6.6厘米

　　器形规整，画工精细。盖作宝珠钮，拱圆面，菱花口折沿，子口；罐，直口，短颈，圆弧肩，直圆腹，胫渐收，平底，圈足。胎白质坚，施浆白釉。盖内沿、子口和罐口内边露白细砂胎。器作隐浮雕开光装饰，青花绘纹饰，青花呈色淡雅，盖钮涂青花；盖面和罐肩、胫部饰莲瓣形开光，腹部作余地分格开光，各开光边饰绘蔓草纹边饰，开光内绘折枝梅花纹，或折枝牡丹花纹和山水人物图。底落青花新叶款。

△ **青花折枝花卉莲蓬式盖罐　清康熙**

规格：通高30厘米　直径7.5厘米　底径6.6厘米

盖作莲子纽，拱圆面，花口沿，子口；罐，高直颈，溜肩，鼓弧腹，呈纽瓜棱状，腹下渐收；高直胫，胫边外撇，平底，挖圈足。胎白坚致，施浆白釉。盖内沿和罐内口边露白细砂胎，盖面、颈和胫部作隐浮雕装饰，青花绘莲纹样，呈色青中泛灰。盖钮绘两层莲子纹，盖面饰三层纹饰，上下两层绘莲子纹，中层饰叶形开光折枝茎叶纹，颈部两层纹饰，折枝花朵和叶形开光折枝莲纹边饰；器腹三层纹饰，上下层绘叶形开光折枝莲纹边饰，中层为主题纹饰，折枝花卉纹；胫部四层纹饰，横杆结网纹、叶瓣纹、叶尖纹和同心圆纹边饰。青花发色沉稳淡雅、绘画精美。高23厘米。

◁ **青花开光人物纹盖罐　清康熙**

规格：通高28厘米　直径7.5厘米　底径6.6厘米

　　器型规整端庄典雅、台阶底修足规整、胎质洁白细腻呈糯米胎、树叶款。煅烧法的浙料发色浓艳深沉不飘浮。器腹分三层开光，开光内青花绘"胡服骑射""寒江独钓""深山访友"等人物故事，画面浓淡层次分明、墨色渲染远山近水人物尽收眼底，犹如一幅美丽的风景画，清晰地描绘了古代的人间仙境。

△ **青花矾红彩描金人物壶 清乾隆**

规格：高12厘米 直径20厘米

多棱鼓形器身，直颈、圈足，壶身四面绘青花加矾红彩人物庭院纹。肩绘一圈青花旋纹，伞形盖附宝珠钮，盖面青花绘花卉纹，部分地方描金。圆直流，与之对称处设耳形把，流和把上矾红彩点缀。

此壶为伊万里纹样。17世纪中期，由于明末清初的战争动乱，中外贸易一度停滞，日本有田开始大量仿制景德镇瓷器，其外销瓷产品大多运送到距有田西北12公里的伊万港出口，欧洲人称此为"伊万里瓷"。17世纪末到18世纪，伊万里瓷在欧洲风靡一时。清康熙时期开放海禁后，景德镇仿制当时畅销欧洲的伊万里瓷外销，称为"中式伊万里瓷"，伊万里纹样昭示了一段中日瓷器装饰风格互相借鉴的历史。

△ **青花花卉龙柄执壶　清乾隆**

规格：高26.5厘米　直径16厘米

　　细长直颈，圆鼓形壶身。圈足，底端略收。壶身正面开一大光，内用青花绘亭台楼阁等。壶身两面卷草纹开光内绘山水楼阁。壶身遍绘牡丹、菊花、萱草纹。颈肩和壶腹部的把塑成螭龙纹，由上而下盘旋，细腻流畅。用青花点缀。青花花色浓翠凝重，画法纤细雅致。

2 | 现当代青花瓷的特征

　　青花瓷是我国传统工艺美术的杰出代表，青花瓷的制作工艺体现出了中国传统工艺的精髓，是中国人智慧与艺术的结晶。最早出现青花瓷的年代在唐朝，只不过当时人们的手工艺制造业还不够发达，因此青花瓷的制作工艺也只停留在了最原始的状态。后来随着人们的手工艺技术逐渐发展，到了元代青花瓷开始逐渐走进了兴盛的时代。元代生产青花瓷的官窑和民窑有很多，而到了明代和清代时期，青花瓷才算是真正走进了鼎盛时期。随着制瓷业不断发展，青花瓷的制作工艺逐渐发展到巅峰时期，而青花料也随着制作工艺发展而变得更加丰富。明清时期青花瓷的青料已经不再是以往单一的品种，继而还出现了青花红彩、豆青釉青花、孔雀绿釉青花、哥釉青花以及黄地青花等多个品种。到了乾隆末年的时候，粉彩瓷逐渐受到人们的喜欢，而青花瓷也逐渐走向了没落。

　　虽然说乾隆末年青花瓷逐渐走向了衰败，但是到了今天，青花瓷又一次成了人们关注的焦点。青花瓷历经千年，它见证了中国瓷器的历史，因此青花瓷在人们眼中不仅仅是瓷器的代名词，更加是瓷器历史的代名词。青花瓷的传世，为后人们探索历史提供了很大的帮助，也成了人们研究历史的重要参考。青花瓷相比较其他瓷器，更具有文化代表性，而且青花瓷在古时候不仅仅作为宫廷的贡品存在，还在民间广为流传。因此青花瓷的艺术风格和艺术题材都比较多样。

　　古时候青花瓷的民窑遍布全国各地，而且产量也远远比官窑大很多，产品风格相比官窑更加多变随性。民窑生产的青花瓷更加质朴，画风也比较洒脱。中国传统的用色有五种，即：黄色、青色、赤色、白色以及黑色。这五种颜色是人们生活中最为常见的颜色，而其中的白色与黑色更是万能色，几乎什么场合都可以出现这两种颜色。但是，红色却需要应景出现才行，一般只有喜庆的场合才会出现红色,而黄色则是宫廷御用的颜色,而青色则是布衣的颜色。古时候在中国的江南一带,非常流行利用青色的布料制成衣服。当时人们将传统的手织棉布,浸在一种用蓝靛草制成染料当中,染出来的棉布颜色清亮,而且不易褪色,穿在身上还不刺激皮肤,这种颜色与青花瓷上的颜色十分相似。古时候的蒙古族人喜欢在室内铺设一种叫作"白三蓝"的地毯,这种地毯的颜色与元朝时的青花瓷色调基本一致,而且设计风格也非常相似,这种颜色也一直延续到了现代。

除此之外,青花瓷上的图案也根据不同时期有着不同的变化,民间的青花瓷物件上的图案,大多数都比较简练,这种风格非常适合普通老百姓的审美观点。随着手工业逐渐发展,青花瓷的种类也逐渐多了起来,青花瓷的器型与地域有很大关系。比如说,古时候我国南方地区的人们都十分喜欢煲汤喝,因此南方地区常常会出现一些用青花瓷制成的煲汤的罐子,而在河北地区由于气候环境影响,风沙比较大,所以家家户户都有鸡毛掸子,与鸡毛掸子配套的就是青花掸瓶(存放鸡毛掸子的瓶子)。除了地域上的差异会导致青花瓷器物种类不同,就连青花瓷的画风也截然不同。我国南方地区生产的青花瓷,画风都比较写意,而且颜色的明度也比较高。北方与南方的画风差异甚大,北方的青花瓷上的图案通常都比较工整,而且黑白对比比较强烈,明度相比南方青花瓷要低很多。

第二章

青花瓷的分类

对青花瓷还不太了解的朋友，也许在欣赏青花瓷的时候，大多只从青花瓷的图案或者器型上去判断它们的类型。实际上根据不同的条件，我们可以将青花瓷分成很多不同类型，下面我们就来看看青花瓷都有哪些分类。

一 按照名称分类

青花瓷实际上只是一个统称而已，如果细致分类的话，青花瓷根据名称可以分为白釉青花、色釉青花、青花釉里红以及青花加彩四种类型。

1 | 白釉青花

白釉青花从名字来看，就可以明显看出来，一定是根据颜色的不同来分类的。白釉青花的底釉颜色为白色，表面带有一种玉质的感觉，这与其他青花瓷有很大差异。因为别的青花瓷看上去并不会很白，而且表面也没有玉质的感觉。瓷器表面之所以会给人一种玉质感觉，是因为表面的色泽接近透明。白釉青花的底釉中含有少量的铁元素，因此在烧制完成之后，瓷器表面会形成一抹青色，而釉层中带有无数的小气泡，所以看上去会给人营造出一种玉质的感觉。古时候其实并没有完全透明的釉，只有近代才出现无色透明的釉。

青花瓷的前身是青白瓷，白釉青花是青花瓷中出现比较早的产品，大概十四世纪四五十年代的时候。烧制青花瓷并不是一件简单的事情，其制作工艺十分复杂，而且对于技艺要求十分高。如果原材料上稍有一点差异，就可能导致烧制完成的青花瓷颜色上存在很大差异。另外，烧制青花瓷的过程中，由于窑内温度的差异以及炉内的气体成分不同等原因，都会影响到烧制完成的青花瓷的质量。单单从青花瓷的发展趋势上来看，我们不难看出，青花瓷由最初的青色逐渐过渡成白色，而釉层也逐渐变得越来越薄。

不同时代烧制出来的青花瓷都具有时代特有的特征，青花瓷底釉气泡的多少，可以影响到青花瓷表面的质感。青花瓷的表面如果有气泡，就会让表面呈现出一种玉质感觉，我国元代时期与明代时期烧制的青花瓷，大多数都有气泡。气泡的存在虽然可以让瓷器表面有玉质感觉，但是如果气泡太多的话也不是一件好事。如果釉层中的气泡太多，会影响青花瓷表面的平滑度，严重时还会造成瓷器表面出现橘皮纹，而明朝的宣德时期的青花瓷，就具有这一特点。

白釉青花瓷以洁白的胎色而著称，但是并非所有的青花瓷都能够有这种洁白的颜色，如果胎色不够洁白应该怎么办呢？古时候的人同样有技巧可以改变瓷器的胎色，比如说唐代时期的人们，为了改变胎色会在胎上先涂抹一些化妆土，之后在为瓷胎上釉，最终烧制出来的瓷器就会比原来白上许多。清代初期的时候，人们在制作青花瓷的时候，喜欢用淘炼过的细泥浆，这种细泥浆在烧制过程中，会将颜色变为粉白色或者浆白色。烧制完成的青花瓷质地比较硬，因为釉色基本上为白色，所以这种青花瓷也可以叫作白釉青花瓷。

2 | 色釉青花

色釉青花的底釉上带有其他色泽，这种青花瓷主要出现在我国明朝时期与清朝时期。其实在生活中，有很多青花瓷的名字听上去好像带有一定的"色彩"，但是实际上这些听起来有"色"的青花瓷，实际上也并非全部都属于色釉青花。例如：银釉青花、洒蓝釉青花、蓝釉青花、天蓝釉青花、哥釉青花、豆青釉青花、绿釉青花以及黄釉青花，这些名字里带有颜色的青花瓷可以分为三种不同的类型。

其中洒蓝釉青花与蓝釉青花，虽然名字中都带有颜色，但是它们却不属于色釉青花，而是属于白釉青花的品种。之所以名字中会带有颜色，只是因为采用了一些特有的装饰手法而已，实际上与白釉青花并没有本质上的区别。

绿釉青花以及黄釉青花，这两种青花瓷属于釉上彩与釉下彩相结合的品种。这种青花瓷最早出现在明朝的宣德年间，当时人们在普通的白瓷上施上黄釉，之后再将施以黄釉的青花瓷低温复烧，最终展现在世人面前的釉色虽然与众不同，但是只要仔细观察，就不难看出在青花瓷上还有一些地方露着白釉。

哥釉青花与豆青釉青花，严格来说它们的出现早于白釉青花，早前考古学家曾经在宋代的一座古墓中发现了宋代的青花瓷碗，这应该是出现最早的色釉青花瓷。随后随着工艺的逐渐发展，元代前期在景德镇烧制出来的青花瓷，底釉颜色与白釉青花瓷的颜色并无明显的差别。到了清代时期，人们开始烧制豆青釉青花，一直到光绪年间，豆青釉青花瓷一直都有生产。由于这种青花瓷的底釉颜色都为青色，温润淡雅的颜色加上釉层中产生的气泡，让青花瓷表面看上去温润如玉与众不同。哥釉青花出现在明朝万历年间，这种青花瓷上有灰色或黄色的纹片，到了明朝晚期的时候，有不少工匠都喜欢仿制这种青花瓷。明朝晚期仿制的哥釉青花的瓷胎颜色为米黄色，烧制完成的瓷器的釉面上回带有褐色的开片。由于每个朝代制作工艺不同，所以哥釉青花每个朝代的品质也有所不同，比如说清朝康熙年间生产的哥釉青花，呈现出米黄色或者黑灰色的纹片，而青花的颜色则是褐蓝色或者灰蓝色。

明朝晚期仿制的哥釉青花，多是采用化妆土，由于瓷器表面涂抹了化妆土的缘故，导致瓷器在烧制完成之后，瓷器的釉面会高出一块，而且颜色也呈现出白色。

3 ｜ 青花釉里红

青花釉里红是青花瓷中一个极其特殊的品种，青花釉里红实际上可以拆分为两种器物，釉里红与青花同样都是釉下彩瓷器，而且两者之间无论是从装饰手法上来看，还是在制作工艺上来看，几乎都没有任何的差异。但是不同的是它们的呈色剂截然不同，青花的呈色剂采用的是钴，而釉里红的呈色剂则是铜，当两者一起出现的时候，就形成了一个全新的品种，那就是——青花釉里红。

青花釉里红与青花一样，除了有白釉青花釉里红之外，同样还有色釉青花釉里红。青花釉里红的发展史与青花瓷几乎是一样的，早前考古学家在江西的丰城一带发现了两件青花釉里红瓷器，这两件青花釉里红瓷器是我国迄今为止发现的最早的青花釉里红瓷器。因为这两件青花釉里红带有"至元戊寅"即公元1338年的纪年铭，这不仅是我国发现最早的青花釉里红，还是迄今为止发现的唯一的一个带有纪年铭的元代青花釉里红。这两件瓷器的颜色并不是纯正的红色，而是釉里带有红色，但是发色比较灰暗，这是由于当时人们的制作工艺并没有太过成熟。

到了明代时期，青花釉里红的制作工艺就已经发展的比较成熟了，甚至已经达到了发展高峰。而宣德年间生产的青花釉里红，多半都带有用楷书书写的"大明宣德年制"的落款。宣德年间以后，青花釉里红除了官窑在生产之外，一些民窑也有少量生产，而到了明朝正德年间，青花釉里红又发展到另一个高度了，当时制作出来的"指日飞升图盘"就极具代表性。指日飞升图盘中有一条用青花绘制的鱼，其中用釉里红绘制出来的太阳和云彩十分醒目，虽然与青花之间颜色相差甚远，但是两者放在一起并没有显得突兀，反而色调十分协调。

青花釉里红经历了两次发展阶段，第一个阶段在元代，当时青花釉里红第一次被人们生产出来，由于色彩独特的缘故，随后很快得到世人的认可，随后到了宣德年间青花釉里红迎来了第一个发展高峰期，但是好景不长，到了明中期的时候，青花釉里红又再次迎来了自

△ 缠枝纹八棱葫芦瓶　明万历

规格：高25.5厘米

己的衰败期，到了明朝晚期的时候甚至完全停产了。青花釉里红的第二阶段开始于清朝的康熙年间，当时青花釉里红停产已经有很长一段时间了，又再次被恢复生产，而到了雍正年间的时候，青花釉里红再次迎来了发展的高峰期，随后又再次走向了下坡路。

　　清朝初期的青花釉里红云中的红发色十分稳定，颜色不仅鲜亮浓烟，而且颜色还具有深浅不一的特点，看上去十分有层次感。雍正年间青花釉里红处于发展的高峰期，当时的青花釉里红的色彩也极具特点，青花带有晕散的现象，而且色彩也深浅不一，釉里红只是在青瓷上轻描淡写的出现，但是就是这一抹釉里红便成了瓷器的灵魂，让瓷器散发出生命力。

△ **青花缠枝莲纹大盘　清康熙**
规格：直径38厘米

△ 青花缠枝莲盘　清康熙

规格：直径20.8厘米

△ 青花缠枝花卉大碗　清雍正

规格：直径29.3厘米

△ 青花缠枝花卉如意耳抱月瓶　清雍正
规格：高53.2厘米

△ **青花釉里红三果纹碗**　清乾隆

△ **青花釉里红桃形倒流壶**　清乾隆

规格：高17.5厘米　直径13厘米

　　桃形倒流壶。足外撇，流与把塑成树枝状，叶与芽用堆塑并饰以釉里红及青花，近顶处有釉里红斑，表面再敷青釉，底有一孔，用以注水入壶。此类壶始见于明晚期，英人称此为"卡多根茶壶"。

△ **青花折枝花果六方大瓶　清乾隆**

规格：高66.4厘米

4 | 青花加彩

青花加彩的烧制工艺与其他青花瓷略有不同,其最大的特点是釉上彩与釉下彩的相互结合对应存在。青花加彩在烧制成型之后,再在青花瓷的表面加绘其他纹饰,之后再将绘制完成的青花瓷重新入窑进行复烧,最终青花加彩就这样完成了。

青花加彩分为几种不同的类型,即青花单彩、青花双彩、青花三彩以及青花五彩。青花加彩根据制作手法的不同,可以分为点彩、添彩、染彩以及覆彩几种。也许大家以往也看过其他关于陶瓷的文献资料,有一些陶瓷文献资料上会记载斗彩,这种斗彩实际上也是制作青花加彩的一种装饰手法,这种手法主要是采用了青花釉下彩与釉上彩拼斗完成,形成的图案与众不同。

△ **青花粉彩开光欧式花卉纹壶　清乾隆**
规格:高15厘米　直径21厘米

圆鼓形壶身,圈足、直颈,壶及盖遍施白釉。壶身两面开光,开光之间用青花饰花草纹。两面开光内用粉彩绘牡丹花卉图。弯流和耳形把贴塑云水纹,青花点缀。宝珠钮盔式盖,盖面用青花两面开光,开光内粉彩绘欧式牡丹花卉。圈足用青花绘一圈花卉纹。

清代外销瓷上的欧式花卉,系中国画工参照当时欧洲流行的花卉植物印刷品,或按照客商提供的样品画稿摹绘,多运用西洋画透视技法,重写生、写实,强调阴阳向背、明暗变化,颇具立体感,显示出素雅、洁净的格调与中国花卉纹样热烈艳丽、繁缛饱满的风格相比,小巧、清秀的欧式花卉更适合欧洲贵妇和小姐们的欣赏品味。

△ 青花加粉彩三娘教子纹壶　清乾隆

规格：高18厘米　直径22厘米

鼓形壶身，直流、圈足，短直颈，斗笠盖附宝珠钮。壶肩和壶盖青花绘一圈装饰纹，壶身粉彩绘三娘教子纹。图中有人物、洞石、勾栏、花树。人物勾画生动，色彩靓丽。

每个时期关于青花加彩都有不同的风格，明朝时期青花加彩按照器物的装饰风格可以分为永乐时期、宣德时期、成化时期以及万历时期。其中永乐时期与宣德时期的青花加彩的制作风格，相对比较庄严。青花瓷的色泽也比其他时期的更加深沉，这个时期的青花瓷在制作手法上比较简单，但是配上了简练的釉之后，显得更具古典风格。宣德时期制作的青花加彩有单彩、双彩以及五彩几种，其中宣德五彩在早前的陶瓷文献中就可以找到相关的记载，但是一直以来人们都未曾见到过真正的实物。直到1985年的时候，考古学家在西藏地区发现了两件宣德时期的官窑青花五彩莲池鸳鸯纹碗，这个青花瓷碗的纹饰图案的制作采用了釉下彩苏泥勃青绘制而成，烧制完成的青花瓷碗表面有黑斑。并且利用釉上彩的方式绘

△ **青花加粉彩花卉描金壶　清乾隆**
规格：高18厘米　直径22厘米

　　圆鼓形壶身，直颈，壶的一侧设一圆直流，与其对应处设一耳形把。壶肩一圈青花花卉边饰，壶身用青花绘枝叶，用粉彩绘各种花朵并部分描金。盔式盖附宝珠钮，盖沿一圈青花花卉边饰，盖上青花绘枝叶粉彩绘花朵。整器造型端庄、制作精致。

制出了鸳鸯、慈姑、芦苇、莲花、浮萍等景物，青花瓷碗的制作精美，而且图案美轮美奂，传世到今天依然是稀世之宝。

　　成化时期最有名的青花瓷莫过于"斗彩"青花瓷了，这种青花瓷的制作工艺十分精美，而且纹饰图案清丽。制作成化斗彩的釉下青花，主要是采用了比较淡雅的国产青料，而釉上彩却有一二十种的制作方法，每一件制成的青花瓷上，都有好几种釉上彩。成化时期的青花瓷物件体积普遍偏小，但是每一件瓷器的制作工艺都十分精美，引得无数的后人们相继效仿。

△ **青花粉彩花卉壶　清乾隆**

规格：高17厘米　直径22厘米

鼓腹，直流，耳形把，矮圈足，直颈，盔帽式壶盖附宝珠钮。壶身施白中闪青釉，壶身、壶盖均用青花勾勒花叶水纹，粉彩点缀牡丹。

　　万历年间的五彩，我们通常称为"青花五彩"，这个时期的青花五彩一改往常的清丽的姿态，反而变得浓艳热烈，画面十分的鲜艳，色彩也十分的艳丽，艺术感染力极强。清代的康熙时期，由于制作青花瓷的工匠们发明了篮彩，所以"五彩"也就相继诞生了。清代的瓷器发展还是比较快速的，所以青花加彩也同样得到了不错的发展，并且还新增了不少的新品种。清代的青花加彩在制作工艺上已经发展得十分成熟了，但是唯一不足的是，制作完成的青花加彩给人一种过分规整的感觉，缺乏了原有的灵气。

二 按照青料分类

青花瓷是中国瓷器市场上最流行的产品之一，制作青花瓷时，需要用含氧化钴的矿物作为染料，之后再在瓷坯上描绘出精美的图案，最终再在瓷器表面施上一层透明的釉，再将瓷器送进窑中进行高温的洗礼，最终形成青花瓷。因为钴料在烧制完成之后会呈现出蓝色，而且这种用钴料制成的染料着色力极强，烧制完成的瓷器发色鲜艳，具有极强的稳定性，所以一直传世至今。用于制作青花瓷的青料随着时间的发展，品种也不再单一，下面我们就来瞧瞧按照青料分类，究竟可以分多少种青料。

1 | 苏泥麻青

苏泥麻青有被称为"苏麻离青""苏泥勃青"，这种青料是进口青料，它的原产地是索马拉。元朝时期由于海上贸易逐渐发达，因此元朝和明朝的早期，制作青花瓷的主要青料就是苏泥麻青。当时景德镇所生产的青花瓷，大多数都是用这种青料制成的，这种青料制作而成的青花瓷，发色比较凝重而且鲜艳，色性比较稳定所以光彩亮丽。

苏泥麻青中含有少量的铁元素以及其他的杂质，也因为这样，所以用苏泥麻青制成的青花瓷颜色才会呈现出深浅不一的色泽。青花瓷表面颜色深的地方，可以呈现出靛色，表面还会出现黑色的斑点，这些黑色的斑点与铁锈的斑点十分相似，而色彩比较浅的地方，颜色会呈现出天蓝色，色差比较大，但是制作而成的青花瓷却显得十分生动好看。

用苏泥麻青制作而成的青花瓷，靛色的部分带有黑斑，摸上去会有一种略微的凹凸不平的感觉，但是并不影响青花瓷的美感，反而会显得色彩入骨而且会泛起锡光色。这种钴料中的铁含量比较高，而锰含量相对比较低，这与我国国产的青料之间存在很大的差别。根据目前为止从人们发现的所有的青花瓷物件来看，我们可以基本判定，元代景德镇所生产的青花瓷以及明代早期洪武官窑、永乐官窑和宣德官窑中所生产的青花瓷，全部都是采用了苏泥麻青作为青料。

2 | 平等青

平等青又被称为"陂塘青"，这种青料主要生产地在我国的江西乐平。在明代的成化时期一直到嘉靖中期，景德镇的官窑烧制出来的青花瓷，一直都在使用这种青料。用平等青烧出来的青花瓷，色彩比较淡雅，而且色泽清亮，独特的色彩也让平等青名声大噪。其实，在平等青盛行的年代里，也有不少民窑在烧制青花瓷的时候，同样会使用平等青，只因为它拥有与众不同的颜色。不过这种青料的使用时间并不是很久，只有明代的晚期以及正德早期这段时间有人使用，其他时期很少见到有用这种青料制成的青花瓷物件。

3 | 石子青

石子青又被人称作"无名子"或者"石青"，这种青料主要产于我国的江西上高、高安以及宜丰一带。在明代初期，景德镇的民窑中常常可以见到有人用石子青烧制青花瓷，后来到了正德年间，人们开始用石子青烧制官窑青花瓷。石子青烧制出来的青花瓷，最大的特点就是发色比较浓郁，而且发色中还略带一些灰色。

△ **青花海水暗八仙纹碗**　清康熙

△ 青花江畔高士图长颈瓶　清康熙
规格：高24.6厘米

△ **青花八仙故事纹花觚**　清康熙

规格：高45.5厘米

△ 青花开光八仙人物将军罐　清康熙
规格：高34.5厘米

△ 青花八吉祥纹抱月瓶　清乾隆

△ 青花饮中八仙故事笔筒　清乾隆
规格：直径17.5厘米

△ 青花暗八仙纹折腰碗　清道光

明代嘉靖皇帝在位期间，中国的瓷器发展比较迅速，当时有不少工匠们都会利用自己的奇思妙想去挖掘更多的烧制瓷器的方法。当时官窑中还有工匠在烧制青花瓷的时候，不仅使用石子青作为青料，还会在烧制的过程中，在石子青中添加少许的回青，两种青料结合在一起，烧制成的瓷器表面会呈现更好的青色。因为两者相结合烧制出来的颜色更加好看，所以在嘉靖、隆庆以及万历年间所生产的官窑青花瓷，基本上都是用石子青掺入回青调配成的青料。

4 | 回青

　　回青不是国产的青料，而是从阿拉伯地区进口的一种青花色料，明朝的正德、嘉靖、隆庆以及万历时期，景德镇的官窑基本上都是使用这种青料。最早的回青并不是用来制作青花瓷用的，而是绘画家们用来画画时使用的染料。回青主要生产地在铜矿附近，因此回青中含有大量的铜的氧化物。利用回青制成的青花瓷上，常常会有一些暗花的纹饰，而且瓷器的口沿和底足的部分，常常会出现酱褐色的釉色。用回青制成的青花瓷，发色蓝中带紫，与平等青和苏麻离青十分不同。

△ **青花云龙纹兽耳罐　元代**
规格：高38厘米

△ **青花八卦云鹤纹碗（一对）　清光绪**
规格：直径13.5厘米

△ 青花缠枝花卉纹大罐　清光绪
规格：高39厘米

5 | 浙青

浙青名字的由来主要跟其产地有关系，浙青的产地主要是浙江。浙青是所有国产色料中，比较上乘的色料。浙青的获取方法，相比较其他色料的获取方法会更加先进一些，普通的青料在获取的时候，通常都是采用水洗的方法获取，而浙青的获取方法则是采用了煅烧的方法，所以利用浙青烧制而成的青花瓷，青色会显得更加明快而且色彩也相较于其他青料更加稳定。

从明朝的万历年间开始，中国的官窑所生产的青花瓷，基本上都在使用这种青料。浙青使用年代十分长，从明朝的天启年间开始，历经崇祯年间，再到清朝的顺治、康熙、雍正、乾隆、嘉庆、道光、咸丰、同治、光绪以及宣统的官窑，基本上都有在使用浙青作为青料。

6 | 珠明料

珠明料的产地在我国的云南地区的宜良、会泽、宣威等地，珠明料的获取方法主要是经过煅烧钴土矿而成，所以珠明料中的钴成分含量极高。明珠料是我国清代康熙时期景德镇瓷窑中烧制青花瓷时使用的最主要的青料之一，用珠明料烧制而成的青花瓷，颜色更加青翠。这是由于此青料在提取的时候，需要经历的工序十分复杂。首先要经过选洗，之后再将选好的青料进行分色，再将这些青料进行煅烧，最终将煅烧完的青料进行粉碎再经过仔细的研磨之后，再在青料中添加少量的清水调匀，最终形成珠明料。

珠明料由于颜色独特，所以一直到今天为止，都是生产青花瓷的主要青料之一，也是人们判断青花瓷生产年代的主要依据之一。

7 | 化学青料

所谓的化学青料，实际上就是利用化学制品氧化钴制成的青料，这种青料主要是用于配制兰釉以及绘画青花瓷时所用到的色料。化学青料其实有两种，一种是提纯后的氧化钴，而另一种则是钴土矿。我国古代时期采用的是钴土矿，而现代工艺越来越发达，人们开始采用现代工业对钴土矿进行提纯加工，最终得到了氧化钴。

钴土矿的主要产地是我国的浙江、云南、广东、江西、广西等地，钴土矿的外形看上去并不是那么耀眼，反而有点让人无法与青料联想在一起。钴土矿呈现黑色的颗粒状，早期的制作方法主要是采用淘洗的方法，到了明朝晚期，制作青料的工艺逐渐变得发达起来，所以制作青料的方法也进步到了煅烧阶段。经过煅烧之后的钴土矿，其中的杂质会变得更少，经过仔细的研磨之后，再用水进行调匀，最终就成了绘制青花瓷图案的青料了。

利用这种青料制成的青花瓷，表面的图案更加青翠，如果不罩釉的话，花纹会呈现出黑色。也有工匠喜欢将这种青料掺入到釉中进行使用，掺入釉中后就形成了兰釉。青料中含有大量的钴氧化物、铁氧化物以及锰氧化物，而烧制完成的青花瓷中的青色，主要是因为钴成分的存在而形成的。有资料文献中记载过，在我国历史上，元代和明代的景德镇在烧制青花瓷的时候，都曾经采用了进口的青料，比如说明朝初期的永乐以及宣德年间的官窑，都曾经使用过外国进口的苏麻离青，而正德以及嘉靖年间的官窑中使用的回青，同样也是进口的青料。进口的青料与国产青料的最大区别在于，进口的青料中铁钴的含量比较高，而锰钴的含量比较低，而国产的青料中，铁钴的含量比较低，而锰钴的含量比较高，因此两种青料烧制出来的青花瓷的颜色，会有很大的区别。

三 按照装饰技法分类

青花瓷的装饰技法有很多种，根据不同的装饰技法可以将青花瓷分为：青花类、青花釉里红以及青花叠彩三种，下面我们就一起来了解一下，这三种不同的装饰技法都有哪些特点。

1 | 青花类

青花泛指白底带有青花的瓷器，青花似乎已经成了这类瓷器的泛称了。

青花瓷的制作方法主要是在已经成型的瓷坯上,利用青花料绘制成各种好看的图案和花纹,最后再在青花瓷的表面施上一层透明色的釉。别以为这样青花瓷就已经完成了,其实青花瓷只要还没有入窑烧制,都不算是制作完成,只有送往温度高达1300℃的窑中烧制完成后,才能够判定青花瓷是否制作成功。在经过1300℃的高温烧制一次之后,青花瓷将被烧成釉下彩。

△ **青花花卉纹菱口盘　明永乐**
规格:直径38厘米

△ 青花缠枝花卉纹碗　明宣德
规格：直径19.5厘米

青花瓷最大的特点莫过于瓷器自身的颜色对比比较鲜明，白色和蓝色本来两种颜色都比较鲜亮，两者结合在一起对比效果就会更加强烈了，而且两种颜色都具有古朴典雅的特点，种种特点汇集于一身的青花瓷，从元代晚期开始，一直到今天为止，都是瓷器生产中的主流产品。青花瓷的制作历史已经非常久远，从发现最早的青花瓷的钴料已经制作彩绘的工艺上来看，有关的学者认为青花瓷的存在已经超过千年的历史了。

△ 青花缠枝莲花卉大碗　明宣德
规格：直径30厘米

△ **青花人物故事梅瓶　明正统**
规格：高33厘米

第二章 青花瓷的分类

△ 青花麒麟纹大盘　明正统

△ 青花云龙纹大缸　明正统

△ 青花人物壶　明天启

规格：高26.5厘米　直径21.5厘米

　　圆鼓形壶身，小直口，高提梁，长弯流，盖为拱形附宝珠钮，壶口和近足处各绘两道弦纹。壶身通周绘高士访友和饮酒图。人物有两长者和两孩童。周围饰以雕栏、洞石、云彩。人物纹饰生动逼真，层次极为清晰，线条飘逸流畅，青花色调淡雅。为明末难得一见的精品。此壶原系一日本藏家所藏，2007年从北京嘉德拍卖会拍得。

△ 青花釉里红云龙纹梅瓶　清乾隆
规格：高32.5厘米

中央编译出版社 2017年度钜献
鉴藏系列全书

好书推荐 — 超悦读
微信公众号二维码

北京读书会微信群
群主审核身份后拉你入群

本社微信公众号
（请用微信"扫一扫"）

中央编译出版社　16开豪华精装版　每册定价：79.00元

2 | 青花釉里红

　　青花釉里红是众多瓷器物件中，典型的釉下彩产品，也被人们称为"青花加紫"。青花釉里红与其他青花瓷产品很不一样，最大的区别在于，青花釉里红的色彩比较绚丽。在制作的过程中，工匠们会采用铜红在瓷胎表面绘制纹饰，用这种技法制成的青花瓷，烧制完成之后会呈现出非常艳丽的颜色。

　　青花釉里红从元代开始就已经出现了，可由于当时的制作工艺并没有达到一定高度，所以烧制成功的青花釉里红数量十分稀少，存世的元代青花釉里红也被人们视为古瓷的珍品。青花釉里红实际上是结合了两种瓷器的做法制作而成，主要参照了青花瓷与釉里红两种瓷器的做法，将两种瓷器相结合，最终形成了独特的青花釉里红。

△ **青花釉里红山水纹倒流壶　清道光**
规格：高15厘米　直径16厘米

　　桃形倒流壶。足外撇，弯流，耳形把，表面敷青釉，叶与芽用堆塑并饰以釉里红及青花，壶身多处用釉里红点缀树叶、桃子、门窗，底有一孔，用以注水入壶。此类壶始见于明晚期，英人称此为"卡多根茶壶"。

青花釉里红在烧制的过程中，对烧制条件要求十分苛刻，并不是每一次烧制都能够获得成功。绝大多数烧制后，都无法得到想要的青花釉里红，烧成的范围十分狭窄，与青花瓷相比青花釉里红的加工过程就要娇贵许多。所以，历朝历代青花釉里红的产量都十分稀少，而且品种也远远不如青花瓷多。虽然说存世量十分稀少，但是青花釉里红相比青花瓷有一个最大的特点，也是青花瓷所不能媲美的。青花釉里红具有红宝石般的色泽，而且与生俱来就有着无与伦比的富贵感，加上烧制过程十分困难，所以存世的青花釉里红格外珍贵。

3 | 青花叠彩

青花叠彩的装饰手法实际上与斗彩和青花五彩都十分相似，青花叠彩同样是釉下彩与釉上彩的结合。制作青花叠彩的时候，需要现在瓷胎上用青花画出漂亮精美的主题图案，之后再施上透明色的釉，最后再进行烧制。烧制完成之后，再在青花瓷的表面绘制出辅助的题材，最终将制作完成的青花瓷再次入窑低温烧制，青花叠彩的制作就这样完成了。

青花叠彩主要采用了两种制作工艺，一种是釉下青花，另一种则是釉上褐彩，其中釉下青花的作用主要是成为绘制纹饰图案的主要色调，而釉上褐彩的作用主要是为了点缀主题。青花叠彩与斗彩以及青花五彩最大的不同之处在于，青花叠彩通常都是采用了两种色彩进行图案绘制，绘制出来的图案会拥有两种不同的主题，画面会更有立体感。由于釉下青花与釉上褐彩两种不同的工艺，汇成一起之后会给人一种层次分明的感觉，艺术效果比其他瓷器更加强烈。而斗彩与青花五彩在制作的时候，则是采用了多种颜色进行图案的绘制，绘制出来的图案虽然精美，但是却只有一个主题，而青花叠彩却用两种颜色绘制出两种主题。

青花叠彩的绘制过程中，主要以釉下青花为基本色调，绘制的图案中，先用蓝色的釉下青花描绘一遍，之后再上釉进行高温烧制。最终再在烧制完成的青花瓷上，用釉上褐彩绘制其他辅助的题材，再入窑进行低温烧制完成。这样一来，青花叠彩中就形成了与众不同的两个主题，就装饰效果来看，青花叠彩相比其他瓷器更具艺术效果。

青花叠彩主要选用了进口的苏麻离青作为青料，烧制完成的青花叠彩会呈现出宝石蓝的颜色。因为苏麻离青在烧制完成之后，表面会形成少量的黑斑，所以会有少许的晕散效果，所以更加适合用于人物和山水的描绘。青花叠彩在制作时，主要使用透明的白釉，而且瓷器的釉面十分细腻，胎体也相比其他瓷器更加轻薄。青花叠彩在制胎的时候，会采用淘炼比较精细的胎土制胎，而底足上则不是上釉，但是会有一些细小的釉斑，底足没有施釉的地方会出现大片的铁石红色。

四 按照款识分类

青花瓷的款识指的就是青花瓷上的题记，青花瓷上的款识大体可以分为纪年款、吉言款、赞颂款、纹饰款以及堂名款几种类型，这其中纪年款是最为常见的一种款识了。下面我们就一起来了解一下，这些青花瓷的款识都有哪些特点。

1 | 纪年款青花瓷

纪年款青花瓷指的是用刻、印以及写等方法，在瓷器的表面上标明瓷器的烧制年代的款式。我国古代制作瓷器的时候，常常喜欢在瓷器上标上生产的纪年，这样可以用于记录烧制的年代。纪年款习惯性使用生产年代的帝王年号作为年款，或者使用天干地支来标明生产的年号。最早出现带有纪年款瓷器的年代是明朝的永乐年间，当时的纪年款通常都采用篆书记录，篆书的字体比较飘逸，而且永乐时期的纪年款上，往往会在款式的周围用边饰莲瓣纹进行装饰。宣靖款与永乐款就有所不同了，宣靖款比较端庄刚劲一些，而成划款则讲究铁画银钩，嘉靖款的笔画比较其他的纪年款款识更加粗重，但是却不失娟秀。鉴于每个年代的款识都有所不同，后人们常常将其总结为："宣德款多、成化款肥、弘治款秀、正德款恭、嘉靖款杂，"用每个年代款识的特点加以总结，这样在判断款识的时候就会更加方便。

前面我已经介绍了一些关于纪年款的小知识，下面我们再来了解一下，如何去区分不同年代的款识。

帝王年号款识。都是采用了皇帝的年号作为铭款，最早发现的带有款识的青花瓷出现在元代，当时的纪年款上写的是"至元"，大家看到这个款识的时候，就知道这个青花瓷生产在元代时期。后来款识发展得越来越细致，之后的款识标就更加清楚了，比如说："永乐年制""大明宣德年制""正德年制"以及"大清康熙年制"等等的款识，通过这些款识我们可以一眼辨认出瓷器的生产年代。有些款识上，甚至还会标明瓷器的具体生产年代。

△ **青花九秋纹罐　明成化**

干支纪年。主要是采用了中国特有的计算时间的方法，采用天干与地支两两相叠的方法，六十年计为一个"甲子"的方法去标记款识。利用干支纪年的方法去制作款识，青花瓷上所标记的款式会更加清楚精确，甚至可以精确到青花瓷生产的具体年份，比如说："乙巳年制"或者"大清丙午年制"等款识，我们可以通过这样的款识一眼知道青花瓷具体的生产年份，相比帝王年款记录生产的年份更加准确。

朝代年款。这种年款只能够模糊的记录青花瓷所生产的朝代，并不会标注有皇帝的年号，所以在判断青花瓷的具体生产年份会十分的困难。比如说："大明年造"或者"大清年制"，这样的款识都属于朝代年款，这种款识跨越的时间间隔就比较大，想要通过这样的款识去判断出青花瓷的具体生产年份，就必须要人们掌握更多关于青花瓷的知识。像这种只标注有朝代年款的青花瓷瓷器，通常都是民窑生产的瓷器，当时在民窑工作的工匠们，基本上都是只知道自己身处在什么朝代，而并不清楚自己具体生活在哪个年代，对于当时执政的皇帝也一无所知，所以他们在生产青花瓷之后，只能标记朝代年款，这样就不至于出现更大的差错。

随意年款。这种款识通常都不是作为记录瓷器生产年代之用的，多是标记瓷器的用途。比如说私人订制、诗文题字的时间又或者是在佛前供奉等作用，所以这种款识标记得十分随意。有的随意年款会标记出帝号，有的会标记出朝代，也有的会标记出干支等等，随意年款大体都是一些类似"万里丁丑年造""崇祯丙子科置"以及"大清乾隆二十八年秋月吉立"等内容。

2 | 吉言款青花瓷

吉言款指的是带有吉祥寓意的款识，这种款识是民间的青花瓷中最常见的一种款识，大多数的吉言款都是采用行草作为书写的字体，款识上的文字洒脱且飘逸。一般吉言款都是写一些对幸福生活向往的语句，比如说："福寿康宁""万福攸同"或者"长命富贵"等语句。

青花瓷上的吉言款内容比较丰富，而且历史也比较悠久。明清时期的青花瓷上，采用吉言款的更是比比皆是。吉言款中不仅有寓意幸福的语句，同时还有常见的单个带有吉祥寓意的文字，比如说："喜""吉""寿""福""宝""贵"等单字款，当然还有："玩玉""福德""雅玩""积善""美器"等双子款，除此之外还有四字吉言款，例如："天下太平""金玉满堂""长命富贵""三元及第""长春同庆""国泰民安""吉祥如意""福山寿海"等等，另外还有六字吉言款以及八字吉言款等等吉祥的语句。吉言款不仅是人们对幸福生活的祈求，而且还是人们展示书法的一种方式。

▲ 青花长寿壶　清光绪

规格：高17厘米　直径12厘米

上窄下宽圆桶形壶身，弯直流，环形把，壶嘴设一铜舌，即可挡茶叶流出又可阻灰尘。壶把和壶盖、壶舌用铜链相连。壶身以青花书楷书长寿二字，青花发色淡雅，字体娟秀工整。壶腰处一圈青花双勾回字纹。嵌进式圆弧盖配桥式钮。壶底书"崇德堂制"青花款。

3 | 赞颂款青花瓷

赞颂款与其他款识的作用不太一样，这种款识主要是用来表达人们对青花瓷的喜爱之情，通常人们会采用的赞颂款有："今古珍玩""玉石宝珍""昌江美玉"等等，其实这些赞颂款还算是比较普通的类型，还有一种款识就比较有趣了，那就是"哥瓦弟玉"，这种款识寓意比较有趣，这个赞颂款中的"瓦"是指陶器，我们都知道陶器的历史要比瓷器的历史更加悠久，而瓷器的表面与玉石十分接近，所以将瓷器比作成"玉"，这个款识的意思就是将陶器比作成瓷器的大哥。

除此之外，赞颂款还经常出现唐诗、宋词以及元曲或者名人的辞赋作为装饰，人们就可以在欣赏青花瓷的同时，再去品味名人的诗文，并且还可以欣赏中国的书法艺术，真正算得上一举三得。这种款识主要出现在唐代的长沙窑以及宋元时期的磁州窑上，赞颂款在明清时期又有了新的发展。当时诗句常常被人们作用装饰人物、山水以及花鸟纹饰之用，让书画真正的融为一体，让瓷器呈现出美感的同时，也可以体现出艺术感。常见的花鸟秋叶画的青花瓷上，常常会出现题有"一叶得秋意"等语句，有的瓷器表面还会书写长篇的辞赋，比如诸葛亮的《出师表》、王羲之的《兰亭序》又或者是苏轼的《赤壁赋》等等，题材有很多种，但是每一种题材所表现出的艺术效果都会给人们带来不同的惊喜。

4 | 纹饰款青花瓷

纹饰款又被称为"花样款"，中国民间的青花瓷，多是采用了比较简练的图案去修饰瓷器的底部，这种属于款识中比较特殊的一种类型。这种款识与篆刻中的"肖形印"之间有着异曲同工的效果，款识中有暗八仙、八吉祥以及博古图等多种不同的图案，在众多的纹饰款中，有一种叫作"豆干款"的比较与众不同。这种款识主要采用了菱形的框架结构，类型与我们当今生活中的高楼大厦有一点相似，这种款识其实只是民间制瓷的作坊的一种记号，也被人们叫作"花押"。

纹饰款中也有不同的分类，按照款识不同风格大致可以分为"记号""花样"以及"花押"三种款识。这种款识与文字款识最大的区别在于，装饰性极强，所以也深受老百姓的喜爱。其中花押款款识主要由不同的线条所组成，线条组成的图案具有一定的内涵和寓意，但是很少有人能够推测清楚究竟蕴藏哪一种内涵和寓意。另外，还有的款识是利用简笔画的原理，将一些图案用简练的线条勾画出来。一般来说，勾画出来的图案通常都是一些带有吉祥寓意的植物或者动物，例如：灵芝、海棠、寿桃、兰花、龟、鹤、鹭等等。

△ 青花高士图梅瓶　明天顺

△ 青花波斯文三足炉　明天顺

△ 青花岁寒三友大罐　明景泰

△ 青花人物故事大罐　明景泰

△ 青花缠枝莲纹荷花口双耳瓶　明成化

规格：高27.3厘米

纹饰款中还有很多寓意吉祥的纹饰,比如说蝙蝠云头、琴棋书画、鸣风在竹等等。另外,纹饰款中还有一些带有宗教寓意的纹饰,这种纹饰主要与佛教和道教有很大关系,通常人们会采用具有道教特色的八卦图、太极图等作为纹饰图案,而具有佛教特色的法论、宝莲、珊瑚、双鱼等纹饰,也十分受欢迎。这种纹饰款的出现,主要与当时人们的信仰有很大关联。

△ 青花栀子花盘　明成化
规格:直径29.5厘米

第二章 青花瓷的分类

△ 青花荷塘龙纹碗　明弘治

△ 青花缠枝花卉龙纹大盘　明嘉靖
规格：直径77厘米

△ **青花花鸟纹天球瓶　清雍正**
规格：高34.7厘米

5 | 堂名款青花瓷

堂名款主要是指人名或者是堂名，这种款识主要是私家收藏的重要标志。一般来说，带有堂名款的青花瓷都是制作比较精良的作品，这类瓷器都具有很高的收藏价值。

堂名款中的堂斋一般都是一些达官贵人的府邸厅堂，或者是一些有名的文人的书斋名号。这种款识的出现，主要是为了证明这个瓷器过去是谁的所有物，是证明青花瓷主人的身份的重要依据。根据目前人们所掌握的资料上来看，在明朝嘉靖年间，民窑中就已经出现了这种私人订制款的青花瓷了，而这种款识也是从这个时候发展出来的。明代比较有名的堂名款有：青萝馆、雨香斋、白玉斋、芝兰室、松柏草堂、博古斋等等，而到了清代之后，这种款识就更加流行了。清代带有堂名款的瓷器，不仅仅局限于民窑了，就连一些官窑中也出现了堂名款的青花瓷器了。比较有名的款识有：古香书屋、吉庆堂、中和堂、大雅斋、彩云轩、文山阁、水云居、挂月山庄、佰福楼、退思堂、玉兰斋、杏林轩、云苍阁等等。

五 按照造型分类

青花瓷的造型主要取决于工匠们的工艺技术水平，同时也取决于人们的审美意识以及使用目的。早期青花瓷的制作完全都是根据人们生活需求去制作，但是随着时间的推移，渐渐地人们对青花瓷的需求远远不是使用，更多的人喜欢用青花瓷去妆点自己的生活。所以，后来人们制作青花瓷的时候，不仅仅要考虑其实用性，更加要考虑其美观性。元朝中期，青花瓷的制作工艺逐渐趋于成熟，青花瓷的造型也逐渐变得多了起来，制作风格也逐渐变得精细起来。按照造型可以将青花瓷分为以下几种类型，下来我们就来了解一下这些类型的青花瓷都有哪些特点。

1 | 玉壶春瓶青花

玉壶春瓶的名字听起来就很与众不同，实际上这个名字的由来是根据一句"玉壶先春"的诗句而得来。在我国的北宋时期，玉壶春瓶就已经出现了，其造型比较独特，整个瓶身呈现出左右对称的两个"S"形，而瓶子为敞口型的。玉壶春瓶的颈部十分纤细，但是腹部却十分圆润，造型十分优美。

元代所生产的玉壶春瓶，主要是沿袭了宋朝的制作风格，敞口、细颈以及圆腹的特点都与宋代极其相似。元代末期，玉壶春瓶的造型就有所改变，当时所生产的玉壶春瓶的腹部比较肥大，而且颈部也变得粗大起来，这与此前生产的玉壶春瓶的造型存在很大差异。元代所生产的玉壶春瓶中有一种八方形的，这种类型的玉壶春瓶棱角分明，而且造型挺拔，瓶身上的图案多是采用了四季花卉或者双狮戏球等题材。

到了明代之后，玉壶春瓶的造型又有所改变，这个时期所生产的玉壶春瓶的腹部变得更加粗大，颈部虽然比较长，但是也非常粗，瓶子的整体重心开始下移，比过去生产的玉壶春瓶看上去更加稳重了。

清代所生产的玉壶春瓶主要还是效仿了明代的款式，造型与明代的十分相似。但是，也有一部分清代生产的玉壶春瓶没有相仿明代的款式，而是另辟蹊径生产出了一种瓶身比较粗壮且大敞口，笨重感十足的款式。这种造型的玉壶春瓶上的纹饰，多是采用了竹石芭蕉为主题。

△ **青花海马纹玉壶春** 元代

△ **青花竹石芭蕉纹玉壶春瓶** 清乾隆

2 | 高足杯和高足碗青花

青花瓷的器型有很多种不同的类型，比其中高足器型的青花瓷更是形式多样，比如说高足杯、高足碗、高足钟、高足盏等等，这里我们重点介绍一下比较常见的高足杯和高足碗。

元代时期的高足杯并不是一体的，而是分为两个部分，即杯身与杯足。元代的青花高足杯的杯身与折腰碗的造型有些相似，但是不同之处在于，高足杯与折腰碗的圆弧的弧度以及折角比较不明显。高足杯的杯足呈现上窄下宽的喇叭形，有的还会被制成竹节的形状，除此之外青花外影青以及龙泉青瓷也类似的造型。

元代的青花高足杯的外侧还画有龙纹或者花卉的图案，有些高足杯的内部还写有一些诗句。还有一些高足杯的造型比较新颖，在高足杯的下方还配有一个承盘，在承盘的中心处有一个空心的管柱，而高足杯被放在承盘上后，高足杯下方会有一个榫，这个榫与管柱之间是配合使用的。当高足杯放在承盘中的时候，榫与管柱相结合会导致高足杯可以四处转动，这种的高足杯还被称为"转杯"。

早在明朝早期就已经有瓷窑开始烧制青花高足碗了，当时高足碗也算是青花瓷中比较常见的一种器物了。一般青花高足碗的口径在15厘米左右，当然也有一些小口径的高足碗，小口径的高足碗的口径约11厘米左右，此外还有一部分高足碗的口径比较大，大口径的高足碗的口径约为17厘米左右。宣德年间的高足碗的纹饰通常采用了凤凰、仕女、牡丹或者是藏文作为纹饰的主题。有少量的高足碗还带有盖，这种高足碗并不常见。

△ **青花凤纹高足杯**　明宣德

3 | 罐类青花

罐类青花瓷是元代青花瓷中最为常见的一种，罐类青花瓷的器型分为大小两种，其中大的器型分为肥和瘦两种类型，而小的器型多是外销至东南亚的，造型多为四方形。大器型的罐类青花瓷肥型罐的口径都非常大，有一些肥型罐的口径甚至比它的足径还要大。肥型罐的造型通常为溜肩，从肩以下造型开始变广，一直扩展到罐的腹部，会达到最大。器身整体看上去比较矮肥，造型比较憨厚。而瘦型罐的口径通常都不会大于足径，罐颈都比较短与肥型罐一样，都是溜肩的造型，器身形状比较细长。还有少数的瘦型罐的肩下，会贴有一双兽耳。

到了明代时期，青花瓷罐的数量就越来越多了，而且造型也变得更加多样化，常见的有：敞口罐、瓜棱罐、壮罐、梅瓶罐以及出戟法轮罐等等。这些青花瓷罐，在明朝时期不仅官窑有生产，就连民窑中也有生产。一般来说，官窑生产的青花瓷罐的器型都比较高达，有一些大器型的青花瓷罐甚至可以高达二尺，到了明朝后期的时候，青花瓷罐已经是司空见惯的寻常器物了，器型也不如此前的高大。明末时期的青花瓷罐高一般都在10厘米～20厘米左右，有的甚至还会更小一些，是人们用来装茶叶用的，作为嫁娶时互相馈赠茶叶所用的器具。

清朝初期的时候，有一种带有盖子的大型青花瓷罐，这种青花瓷罐上的盖子，和战场上将军们头顶上带着的头盔十分相似，因此得名将军罐。这种青花瓷罐最早出现在明朝后期，一直到清朝初期开始才被大量生产。顺治时期生产的青花瓷罐的器型比较粗壮，而且有的青花瓷罐上可以见到火红色的窑红，还有少部分的罐上还带有锁孔，这种青花瓷罐是专门用于盛放僧人们的舍利用的。康熙年间制作的青花瓷罐都是直口的，腹部下方向内凹，呈现出向内凹的弧线。雍正时期的青花瓷罐，盖顶宝珠的形状比较扁平，而乾隆时期生产的青花瓷罐的罐口向外撇，胎体也比其他时期的更薄一些。

◁ **青花通景山水纹圆腹盖罐　清康熙**
规格：通高36厘米　口径10.3厘米
　　　底径6.6厘米

器形规整，画工精细。盖作宝珠钮，拱圆面，菱花口折沿，子口；罐，直口、短颈、圆弧肩，圆鼓形腹，胫渐收，平底，圈足。胎白质坚，施浆白釉。盖内沿、子口和罐口内边露白细砂胎。青花绘通景山水人物纹饰，远山、近水、楼阁、洞石、宝塔，形成一幅生动的山水人物图。青花呈色淡雅，盖钮涂瓣花；盖面和罐肩、胫部饰莲瓣形开光，各开光边饰绘蔓草纹边饰，开光内绘蓝地白折枝梅花纹，或折枝牡丹花纹和山水人物图。底落青花新叶款。

△ **青花折枝西番莲盖罐　清康熙**

规格：通高46厘米　直径7.5厘米　底径6.6厘米

　　盖作莲子纽，拱圆面，折沿，子口；罐，平圆口，高直颈，圆弧肩，鼓弧，下腹渐收；高胫下张，二层台圈足。胎白坚致，施浆白釉。盖内沿和罐内口边露白细砂胎，青花绘饰纹样，呈色青中泛灰。盖钮涂青花，罐颈饰折枝花卉，盖面作四扇形开光，身部以曲折纹边饰三层莲瓣形开光，各开光内绘卷枝西番莲花卉纹。底款落青花叶纹。

△ **青花开光仕女罐　清康熙**
规格：通高21.5厘米　直径17.5厘米　底径6.6厘米

　　宝珠盖钮，盖面圆拱，折沿，子口，直颈，鼓圆腹，足胫凸箍，缓坡形圆座，平底挖圈足，胎白质坚，施浆白釉，盖里和罐内口边露白细砂胎，青花绘纹饰，呈色蓝艳，盖钮涂青花，盖面、肩和胫部绘莲瓣形开光折枝花卉纹颈部和座面绘折枝花卉纹，足箍绘同心圆边饰，腹部作多个六边形开光，开光内绘仕女赏花图和盆景图。

4 | 碗和杯类青花

　　提到碗和杯，大家就再熟悉不过了，现如今我们生活中每天都要与它们打交道。现代社会中的碗和杯之间差距比较大，而青花瓷中的碗和杯却十分相似，两者之间没有严格的区分，通常都是人们按照自己的生活习惯去使用。

　　明清时期，最常见的就是莲子碗，这种碗最早出现在明朝初期。明朝的永乐时期和宣德时期所生产的莲子碗造型比较独特，碗的圈足造型极小，碗口比较直而碗的腹部却内敛。整只碗的造型就好像是莲蓬一样，所以人们形象地将这种碗称为"莲子碗"。到了明中期，莲子碗的造型也开始出现了变化，再也不像以往的那种小巧的造型，而且碗的足径也变得大了起来，就连胎体也变得比以往更加轻薄了，圈足更加内敛。

△ **青花及第有望纹杯　清雍正**
规格：通高5.0厘米　口径10.3厘米　底径6.6厘米

　　敞口，高颈上张，腹微隆弧状，胫边外撇，二层台底。胎白坚致，施青白釉。青花绘纹饰，呈色鲜艳。腹部上下绘折枝花卉，余地满做莲瓣开光绘栏杆花卉盆景图。底落青花双圈灵芝款。

　　我国明朝时期比较流行一种叫作净水碗的青花瓷碗，这种碗在清代时期也有生产，但是一般都是民窑生产的瓷器。这种碗的用途比较特殊，它是佛教人士专门用于供奉神明使用的器具，净水碗的器型为侈口，碗的腹部为圆腹。在碗的下方还配有高足底座，有的碗上还会标有供养人的名字。正德时期最具代表性的碗是一种叫作"宫碗"的碗，这种碗在正德时期的时候普遍被宫廷所用。碗的器型为敞口，而且腹部比较鼓，这种碗虽然别的朝代也有，但是要数正德时期生产的最为出名，所以也被人称为正德碗。在明朝早期的时候，生产的碗一般口径都比较大，成化时期之后，碗的足径逐渐开始变小，底足开始变得内敛。这种造型的碗，就是明代早中期最具代表性的青花瓷碗。

△ **斗彩螭龙纹杯　明成化**

△ **青花岁寒三友碗　明万历**

我国明朝时期的手工艺比较发达，尤其是永乐时期，制瓷业发展更加兴盛，所以当时制瓷的工匠们也会发挥自己的奇思妙想去制作一些造型新颖的瓷器，青花压手杯就是永乐时期的产物。青花压手杯的器型很小巧，杯子的口径大约有三寸左右，从杯子的口沿一直到杯子的底足，胎骨逐渐变得越来越厚。用手拿起杯子之后，杯子的口沿正好压在手的虎口位置，所以这种杯子被称为"压手杯"。

△ **青花万寿无疆碗　清乾隆**

规格：直径18.2厘米

△ 青花缠枝牵牛花纹碗一对　清道光

万历年间曾有工匠开始仿制压手杯的器型，但是制作出来的压手杯的尺寸却比之前的要略大一些。一直到了清朝末期的时候，这种压手杯逐渐演变成了大碗的形状。清代时期模仿压手杯制成的青花瓷器造型多样，有的器型很矮，被人称为"马铃式压手杯"，到了后来压手杯的器型逐渐走样，碗口也变得越来越大，碗底矮而阔，造型与草帽十分相似，所以被人称为"草帽碗"。

5 | 笔筒类青花

出现笔筒最早的朝代在明朝的末期，笔筒的造型有撇口型、竹节型、束腰型以及直筒型几种类型，这个时期的笔筒除了造型各有千秋之外，还分为口沿施釉以及口沿露胎两种类型。口沿施釉的笔筒的釉色分为粉白色和酱紫色两种，其中酱紫色的釉色是生产比较早的笔筒，一般笔筒的制作风格都带有一些明末清初的味道。口沿位置没有施釉的笔筒，大多数口沿的位置上都带有一些小沟槽，这样的笔筒通常都没有底釉，但是会有圈足。

清朝初期制作的青花瓷笔筒很具有当时的时代特点，而明末时期制作的青花瓷笔筒，却经常会配有漂亮的图案和纹饰，还会配有与图案相呼应的文章。康熙年间所生产的青花瓷笔筒上常常会见到用楷书书写的长篇文章，比如说：《归去来辞》以及《赤壁赋》等文章。这些书写在青花瓷笔筒上的长篇文章，书法行云流水一般，足见题字的人书法功底有多么深厚，与此同时也展现出我国书法的精妙之处。像这种彰显书法精髓的青花瓷笔筒，后世再也没有谁能够模仿出来，后人们都无法效仿。

△ **青花开光人物故事图笔筒　清康熙**
规格：直径17.5厘米

清末民初，仿制的青花瓷笔筒越来越多，但是这个时期的仿制品做工并不细腻，而且胎质也十分粗松，根本与前代生产的青花瓷笔筒无法相提并论。最主要的是就连釉面也没有康熙时期青花瓷那样亮，仿制的笔筒上，多采用人物图案作为装饰主题。

△ 青花山水风景图笔筒　清雍正
规格：直径20厘米　高16.4厘米

第三章

青花瓷的市场价值分析

青花瓷给人的感觉神秘且贵重，尤其是最近几年的拍卖市场上，青花瓷的拍卖价格屡屡创出新高，让不少喜欢做投资收藏的朋友，也看准了青花瓷投资的前景。一些准备跃跃欲试的投资者们，不少人都对青花瓷的知识处在一知半解的状态，所以这一章中我将带着大家去分析一下当前的青花瓷市场。

一 青花瓷市场价值的判定标准

无论是收藏青花瓷还是投资青花瓷，都与青花瓷的市场价格有着密不可分的联系，尤其是一些刚刚入行的人，对青花瓷的价格涨幅更是十分关注。青花瓷至今已经有千百年的历史，时间久远所以青花瓷的市场价值也很难判断。有些刚刚接触青花瓷的朋友，更是丈二和尚摸不到头脑，不知道要拿什么标准去衡量青花瓷的市场价值。其实判定青花瓷的市场价值标准很简单，主要从青花瓷的形制、胎釉、发色、纹饰、款识以及底足去判断，下面我们就一起来了解一下，具体的判定标准都有哪些。

◁ **青花加矾红彩描金壶　清康熙**

规格：高29厘米　直径26厘米

上小下大锥形壶身，长弯流，壶身设一耳形把，足内凹，拱形盖附宝珠钮，盖沿和壶沿各绘一道弦纹。器形端正，壶体与壶流、壶柄比例适度，和谐统一，端庄大方。釉面肥润呈青白色，青花绘洞石、竹纹和牡丹枝叶。青花发色幽菁淡雅。矾红彩绘牡丹和竹叶并描金。花卉兼工带写，线条细腻流畅。

△ **青花凤穿过枝牡丹花纹军持　清康熙**

规格：高25厘米　宽15厘米

　　折沿，长颈，鼓圆腹，乳状流，平底浅圈足。胎白质坚，施浆白釉。青花呈色浓艳，鲜蓝青翠，明净艳丽，清朗不浑，肩部绘曲折边纹，乳流口边绘弦纹，中壁饰折枝花卉纹；器肩绘曲折纹边饰，腹部通景满绘凤穿过枝牡丹花纹至颈部。

△ **青花飘影莲瓣形开光山水人物盖瓶　清康熙**

规格：通高62厘米　口径10.3厘米　底径6.6厘米

盖作葫芦钮，高拱圆面，折沿，子口；罐，洗口，圆鼓形颈，弧肩，鼓弧腹，腹下渐收，高胫下张，二层台底，胎白质坚，施浆白釉。盖内沿、子口和罐内口边露白细砂胎。青花绘纹饰，呈色翠兰。盖钮涂青花，折沿饰席纹，罐口、胫部绘曲折纹边饰；盖和颈部各绘一层飘影莲瓣开光，器身饰四层飘影莲瓣形开光，开光内分别绘深山访友、寒江独钓等画面。底落青花叶纹款。

△ **青花六开光山水人物盖瓶　清康熙**

规格：通高48厘米　口径10.3厘米　底径6.6厘米

　　器型规整端庄典雅、台阶底修足规整、胎质洁白细腻呈糯米胎、树叶款。煅烧法的浙料发色浓艳深沉不飘浮。山水人物的绘画浓淡层次分明、墨色渲染远山近水人物尽收眼底，瓶身六开光组成6幅美丽的风景画，分别描述了古人不辞辛苦翻山越岭去探亲访友、为了招待远道而来的亲朋好友去深海捕鱼等场景，生动地描绘了古代的人间仙境。

△ 青花缠枝璎珞纹四方壶　清康熙
规格：高16.5厘米　长17厘米

　　体积硕大，直身方形，平底四角有曲尺形足。四方长弯流，流上两边各绘一蝙蝠纹。方颈方盖，附一对金属提梁。壶身四面开光绘青花缠枝璎珞纹，青花为典型的国产珠明料，青花色泽明快翠蓝，紧贴胎骨，混水层次丰富,四面方框边饰为云纹。璎珞纹是明清瓷器常见的纹饰，由珠玉串成的装饰物演变而来。

1 | 形制

　　青花瓷的形制具备特有的时代感，不同年代生产的青花瓷形制都不同，人们可以透过青花瓷的形制去了解它所存在的时代，经济发展如何、风俗习惯是什么，以及人们当时的文化思想究竟是怎样的。除此之外，从青花瓷的形制上，还可以反映出当时人们的审美观。中国地大物博，在中国的版图上分布着大大小小的烧制瓷器的窑口，每一个地方每一个窑口生产出来的瓷器都具有独特的特点。但总体而言，南北各地的瓷器，在造型上都具备很浓重的时代特色。

元、明、清三代的青花瓷，基本上都是景德镇窑口的天下，其他地方生产的青花瓷也受到了极大的影响，不仅是形制上与景德镇的极其相似，就连纹饰图案都在模仿景德镇生产的青花瓷，景德镇似乎已经成了青花瓷的代名词。由于景德镇的青花瓷极具代表性，所以景德镇在不同的历史时期所生产的青花瓷，也成了衡量青花瓷市场价值的标尺，在衡量青花瓷价格的时候，只需参照景德镇青花瓷进行比较后，其价值多少就差不多能够计算出来了。

△ **青花文王求贤葫芦瓶　明嘉靖**
规格：高34.4厘米

这里要提醒大家，青花瓷的形制虽然有很鲜明的时代性，但是也有一些青花瓷具有时代的延续性，不少青花瓷在制作手法上，都会受到上一代的影响，形制上都会有一些大同小异的地方。掌握每一代的青花瓷都具备怎样的形制特点，对于判断青花瓷的年代有很大帮助，而青花瓷年代也会影响到青花瓷的市场价值。

在众多的青花瓷中，有一些瓷器的形制是在特定年代特有的类型，比如说元代生产的青花大盘、高足杯以及明代永乐时期生产的压手杯等等，这些瓷器都是特有时代的特有产物。除此之外，明代的永乐时期和宣德时期，当时海上

△ **青花鱼藻纹出戟尊　明嘉靖**
规格：高21.6厘米

△ 青花群仙祝寿大葫芦瓶　明嘉靖

规格：高56厘米

贸易比较兴盛，所以那个时期的工匠在制作青花瓷的时候，会不同程度的受到西方文化影响，因此制作出来的青花瓷风格也与众不同，传统的青花瓷总是会显现出中西方文化融合后的特殊韵味。这个时期特有的青花瓷作品有：花浇、八角烛台、无挡尊等等；嘉靖时期后，出现了特有的天圆地方瓶；康熙时期出现了观音尊、马蹄尊、苹果尊、棒槌瓶；嘉庆时期出现了青花瓷帽筒等等，这些青花瓷器物都极具特有的时代风格。

△ 青花龙纹蛐蛐罐　明隆庆

△ 青花团龙纹提梁壶　明隆庆

△ 青花多穆壶　清康熙

△ 青花麒麟图凤尾尊　清康熙
规格：高45.8厘米

△ 青花长寿富贵图观音尊　清康熙
规格：高43.4厘米

△ **青花莲托八宝纹盉壶　清乾隆**

　　在判定青花瓷的市场价值时，除了要了解青花瓷特有的时代风格之外，还必须要知道，并不是在同一个时期内，一类瓷器就只有一种形制。举个例子来说，康熙时期最具时代风格的青花瓷莫过于棒槌瓶了，但是并不是所有的棒槌瓶都是同一种形制。棒槌瓶分为两种形制，一种是硬棒槌瓶，另一种则是软棒槌瓶。苹果尊也有不同的形制，分为无颈和缩颈两种。有一些形制还具有多种不同的造型，这些都是判定一件青花瓷市场价值的重要标准。

　　不少不良商家会售卖一些仿制的青花瓷器，即便仿制得再怎么像，也会有一定的纰漏。比如说一些形制不合，而且造型也比较奇特的青花瓷，大家可千万不要觉得自己好像淘到宝了，像这种不伦不类的东西，用行话来讲就叫作"妖怪"。像这种青花瓷，根本不用仔细去琢磨，一眼便可以看出来它绝对不是真的青花瓷。

△ 青花花果纹执壶　清乾隆

2 | 胎釉

不同时期的青花瓷由于制作手法不同，所以胎釉和发色也会存在一定的差异。元代的青花瓷胎色主要为灰白色，胎体相对比较厚重，胎质也较为疏松，瓷化度并不是很高。元代青花瓷的釉分为，卵白釉和青白釉两种，其中卵白釉的颜色就好像是鹅蛋的颜色一样，百里透着一点青色，会给人一种乳浊感，而且透明度也比较差。青白釉的釉面相对比较光洁，釉色白里透着青。元代时期的青花瓷器，在制作手法上比较不讲究修胎，有一些青花瓷在制作完成之后，可以明显地看出有接坯的痕迹，而且有的瓷器表面还看得出分段粘结的痕迹。这个时期生产的青花瓷多数为砂底，有的甚至还有粘砂的现象，从瓷器的表面就可以明显的看到旋坯的痕迹。元代青花瓷的制作工艺并不精细，比如一些小器物的底心可以看见有乳点突起，小器物尚且如此，大器物制作就更加粗糙了一些，比如大罐、梅瓶等，这些青花瓷器的底部，都可以看见明显的收刀点，瓷器上露胎的地方，还可以看见火石红。

明代前期的青花瓷在制作的时候，依然不够精细。常常可以见到明代前期生产的青花瓷上有一些气孔，如果是民窑生产的青花瓷，气孔的数量会更多。随后制作工艺逐渐成熟，到了明代中期，青花瓷的胎质相比之前变得更加坚实细腻，而且瓷化程度也明显提高。明代成化时期的制瓷工艺更是进入了黄金时期，这个时期制作出来的青花瓷相比之前更加细腻。明代晚期前阶段，青花瓷的胎质还比较细腻，但是在那以后青花瓷的胎质又再次被打回原形，变得粗疏起来。明朝早、中、晚期青花瓷的釉色都深浅不一，虽然釉色深浅有所不同，但是釉质却比较肥厚，色泽也十分深沉。

清代康熙、雍正、乾隆三代，被人们称为"清三代"。这个时期不仅国家繁荣昌盛，就连制作青花瓷的手工艺也得到了快速地发展。这个时期制成的青花瓷，胎质十分细腻，尤其是康熙时期的青花瓷，胎质更是细腻地给人一种糯质感。清三代所生产的青花瓷，虽然釉层不如明代时期那么肥厚，但是透明度和瓷胎的白度都比其他时期更高。可是到了清代晚期，由于国家遭到外敌打击，经济逐渐走向衰败，人们的生活水平逐渐下降，手工业发展也得到了限制，青花瓷的胎釉也大不如从前。胎质变得要么粗疏要么坚实，除了用眼睛看还可以用手去掂量一下，如果青花瓷的手感过轻或者过重都是不对的。

△ 青花庭院人物纹军持　清康熙

规格：高24.5厘米　宽：15厘米

器形端正规整，发色青翠靓丽。折沿，长颈，鼓圆腹，乳状流，平底浅圈足。胎白质坚，施浆白釉。肩部三开光绘八宝纹，乳流口边绘弦纹，口沿和颈部绘芭蕉和花卉纹。腹部通景满绘洞石、勾栏、芭蕉、竹子以及仕女。

△ 荷叶形多开光青花折枝牡丹花卉纹将军罐　清康熙

规格：通高68厘米　直径17.5厘米　底径6.6厘米

器型规整端庄、胎质洁白细腻呈糯米胎。绘画精美，浙料发色纯正浓艳。

颈部青花绘折枝花卉纹，器身荷叶形多开光绘折枝牡丹花卉纹。

△ 青花飞鸟花卉纹盖杯　清康熙

规格：通高28厘米　直径17.5厘米　底径6.6厘米

器型规整端庄、胎质洁白细腻呈糯米胎。绘画精美，浙料发色纯正浓艳。

颈部青花绘折枝花卉纹，器身荷叶形多开光绘折枝花卉纹。

第三章 青花瓷的市场价值分析

△ **青花菊花纹壶　清康熙**

规格：高13厘米　直径15厘米

　　瓜棱梨形壶身，直流，和其对应处设一耳形把，矮圈足，拱形盖附宝珠钮，盖沿和壶沿各绘一道弦纹。器形端正，壶体与壶流、壶柄比例适度，和谐统一，端庄大方。釉面肥润呈青白色，青花绘菊花纹。青花发色幽菁淡雅，胎体细腻，花卉兼工带写，花蕊清晰，线条细腻流畅。

△ **青花折枝梅纹粉盒　清康熙**

规格：通高5.0厘米口径10.3厘米底径6.6厘米

　　中国江西景德镇窑产品。

　　器作圆形，盖作平顶，微弧浅壁，盒身，子口，浅弧壁，平底，圈足，胎质洁白坚致，青白釉色泛灰。光泽温润，青花绘纹饰，呈色翠兰，盖面以曲折纹边饰折枝梅纹；盒上下壁绘折枝花卉纹。

△ 青花飞鸟花卉纹盖杯　清康熙

规格：通高28厘米　直径17.5厘米　底径6.6厘米

器型规整端庄、胎质洁白细腻呈糯米胎。绘画精美，浙料发色纯正浓艳。颈部青花绘折枝花卉纹，器身荷叶形多开光绘折枝花卉纹。

根据不同时期青花瓷不同的胎釉特点，可以判断出青花瓷所出的年代，根据年代以及青花瓷的胎釉情况，再去衡量青花瓷的市场价值，所给出的价格会更加接近青花瓷自身的价值。

3 | 发色

除了可以从胎釉上去判断青花瓷的市场价值，还可以从青花瓷的发色上去判断其市场价值。想要从发色上判断青花瓷的市场价值，首先要对青花瓷不同时期所用的青料有所了解才行，要懂得这些青料都有哪些特点，这样对判断青花瓷的年代也有很大帮助。比如说苏麻离青，这种青料是进口青料，能够使用这种青料制成青花瓷的，除了元代就是明代早期了，而且用这种青料制成的青花瓷，多数出自于官窑。这是因为苏麻离青属于进口的青料，当时苏麻离青都是通过海上贸易才传进中国的，想要购买到这种青料，是不太容易的事情，而且苏麻离青的价格也十分昂贵，其价格甚至堪比黄金。如此高昂的价格，是一般民窑都用不起的。

从元代以后，国产青料逐渐开始盛行，随后国产青料便成了制作青花瓷的主要青料。总体来说，从明代的成化时期之前，一般都是采用进口青料与国产青料掺和使用，而到了成化至正德前期，当时制作青花瓷一般都采用江西乐平地区生产的平等青。利用平等青烧制出来的青花瓷，发色比较淡雅。到了正德后期，一直到万历前期，又出现了进口的回青，利用回青烧制而成的青花瓷颜色为深翠色，这种颜色比较艳丽，烧制出来的图案会出现晕散的现象。由于只利用回青烧制会导致图案晕散不收，所以后来人们开始在回青中掺入一些国产的石子青，两种青料混合使用之后，根据不同的配制比例，可以分为"上青"和"中青"两种，两种不同的青料烧制出来的青花瓷在呈色上也有一定的差异。

万历年间后期，一直到崇祯时期，烧制青花瓷都开始改用浙青和石子青了，利用浙青烧制出来的青花瓷发色鲜艳，而利用石子青烧制出来的青花瓷发色比较清淡。清朝初期顺治年间，最早期人们还在使用石子青作为青料烧制青花瓷，但是单单利用石子青烧制出来的青花瓷，发色偏灰，所以人们渐渐地开始改用浙青了。清朝后期烧制出来的青花瓷发色比较鲜艳的主要原因就是烧制青花瓷的青料已经改为浙青了。康熙年间烧制的青花瓷多采用提纯后的浙青，利用提纯后的浙青烧制出来的青花瓷发色不仅亮丽，而且这种亮丽的发色甚至达到了青花瓷史上的极致。

清朝时期还有一些窑口在烧制青花瓷的时候，才会采用云南生产的珠明料，这种青料烧制出来的发色鲜翠，这种发色被人称为"翠毛蓝"。在清朝早期，民窑生产的青花瓷颜色比较暗淡，这是因为烧制青花瓷的青料多采用石子青的缘故。到了雍正、乾隆时期，一直延续了康熙年间的浙青，但是烧制出来的青花瓷的发色却远不及康熙时期那般亮丽。随后到了嘉庆、道光一代的时候，烧制青花瓷虽然仍然采用浙青和珠明料的，但是当时青料已经不经过提纯处理了，所

∧ 青花凤穿过枝牡丹军持　清康熙

规格：通高28厘米　直径7.5厘米　底径6.6厘米

折沿，长颈，鼓圆腹，乳状流，平底，浅圈足，胎白质坚，施浆白釉，青花绘纹饰，呈色浓艳。乳流口边绘弦纹，中壁饰折枝花卉纹；器肩绘曲折纹边饰，腹部绘画凤穿过枝牡丹花纹至颈部。

△ **青花缠枝番莲军持　清康熙**

规格：通高28厘米　直径7.5厘米　底径6.6厘米

军持为梵语Kundika译音，佛教僧侣饮水或净手的盛水器。折沿、长颈、鼓圆腹、乳状流、平底、浅圈足。颈下凸弦纹，肩、颈部起弦纹，微起篦纹圆腹，胎白质坚，施浆白釉，青花绘纹饰，呈色蓝中泛灰。青花勾绘凸弦纹边，颈饰贯枝番莲纹，流壁绘曲折纹边饰。乳流和器身绘画缠枝番莲纹。底落青花蕉叶纹。

△ **青花庭院人物纹军持　清康熙**

规格：通高28厘米　直径7.5厘米　底径6.6厘米

　　器型规整，胎质洁白细腻。明珠料的发色深沉淡雅，浓而不艳给人以清新的美感。纹饰的绘画彰显了窑厂绘画大师的高超技艺。纹饰的布局繁而不乱：口沿绘画博古、颈部绘画缠枝花卉纹、腹部绘画庭院人物、洞石芭蕉，柳树栏杆。尤其是人物的绘画生动形象传神，人物的神韵栩栩如生：军持是古代皇家贵族佛前上香净手装水的神器，自古以来受到收藏大家的追捧。

△ 青花折枝花卉四方瓶一对　清康熙　　　　　　　△ 通景开光深山访友人物纹高足杯　清康熙
规格：通高18厘米　口宽7.5厘米　底径6.6厘米　　规格：通高18厘米　直径7.5厘米　底径6.6厘米

　　方口、平沿、高颈，颈口上张，梯形肩，腹面鼓弧，高胫，胫渐张，平底，框足。胎白坚致，施青白釉，青花绘纹饰，呈色浓艳。器口内和肩部绘曲折沿边饰，颈和腹部作随行开光，绘饰折枝花卉纹。

　　杯子器型规整、端庄优雅。胎质洁白细腻。煅烧法的浙料发色艳丽、绘画超精美浓淡层次分明、远山近水人物尽收眼底。生动地展示了古人朋友之间的深情厚谊，不辞辛苦去深山拜访朋友的场景。高16厘米全品无瑕疵。

以烧制出来的青花瓷发色远不及此前的青花瓷发色，呈色水平明显下降。而到了同治和光绪时期之后，烧制青花瓷的工艺更是日渐衰退，当时烧制出来的青花瓷发色竟然出现了艳俗发紫的洋蓝色，这个时期的青花瓷通过辨认发色，很容易判断其生产年代，从而衡量出青花瓷的市场价值。

4 | 纹饰

　　青花瓷表面的纹饰是最具时代特点的，而且也有最显著的年代标志，人们可以通过纹饰的画法和风格去判断其年代。根据纹饰风格的不同，大体可以将青花瓷的纹饰分为六种不同的类型，即：植物型、动物型、山水型、人物型、文字型以及边饰图案型，我们可以从每个时期不同的纹饰特点去判断其市场价值。

　　植物型：植物型的纹饰是青花瓷中最常见的类型，明朝中期一直到清朝时期，都比较流行带有深刻寓意的花卉图案，比如说：牡丹、石榴、莲花、桃子等等。其中牡丹寓意富贵，石榴寓意多子，莲花寓意清廉，而桃子寓意长寿。人们会将这些带有吉祥寓意的植物相互结合起来，最终绘制成一幅具有一定特殊

△ 青花番莲纹瓶　清康熙
规格：通高28厘米　直径7.5厘米　底径6.6厘米

△ 青花花卉纹花觚　清康熙
规格：通高16厘米　直径7.5厘米　底径6.6厘米

寓意的吉祥图案。比如说：将牡丹与芙蓉结合在一起，具有寓意"荣华富贵"的意思；将桂花与芙蓉结合在一起，就寓意着"夫荣妻贵"；将桂花与莲花结合在一起，寓意着"连生贵子"等等，总之人们会将这些带有吉祥寓意的花卉结合到一起，绘制在青花瓷上，所以青花瓷在古时候不仅是人们生活的必需品，同时也具有一定的观赏价值。这些带有吉祥寓意的花卉，可以被人们穿插组合，形式变化多样，寓意也十分丰富。这种形式的纹饰，从明代后期一直到民国时期都十分流行，虽然寓意没有变化，但是每个时期的绘制方法却不一样。每一个时期的绘制方法，都具有不同时期的特点，有一些特殊的纹样，甚至只流行于某个特定的时期。比如说：明

△ 青花地白纹婴戏折枝莲花花觚　清康熙
规格：通高16厘米　直径7.5厘米　底径6.6厘米

　　洗口，筒身，腹中隐起宽带，折胫，胫边外撇，二层台底，胎白坚致，施浆白釉。洗口内外绘青花曲折纹边饰；瓶身以青地白纹装饰，青花呈色翠兰；颈部饰莲瓣形开光婴戏折枝莲纹，胫边绘青花莲瓣纹边饰。底落青花新叶款。

朝洪武时期流行的菊花纹；宣德时期流行的牵牛花以及月影梅；成化时期流行的蔬菜纹以及三秋图；清代康熙时期流行的冰梅纹；雍正时期流行的虞美人花以及晚晴时期流行的皮球花等等，这些都是特定时期流行的典型纹饰。通过这些特有的典型纹饰，我们可以轻松判断其年代，并且衡量其市场价值。

△ **青花粉彩洞石花卉大壶　清雍正**

规格：高19厘米　直径25厘米

规格：鼓腹，圈足，弯流，环形把。盔帽式盖附宝珠钮。壶体与壶流、壶柄比例适度，和谐统一，端庄大方。壶身施白釉，青花绘洞石、围栏、竹叶、牡丹，矾红彩绘牡丹花、竹叶等。器型硕大，色彩艳丽，线条流畅，画意生动，敦厚古拙。

竹子和石头在古代象征着清官的公正廉洁和刚直不阿。

第三章 青花瓷的市场价值分析

△ **青花缠枝莲纹壶　清雍正**
规格：高12厘米　直径14厘米
　　壶身为莲子形，弯流，环形把，壶身施白釉，青花绘缠枝莲花纹。壶口绘一圈云纹。青花发色幽菁淡雅，胎体细腻。

△ **青花牡丹花卉壶　清雍正**

规格：高12厘米　直径14厘米

莲子形腹，弯直流，弯把，壶盖嵌在壶口内。壶身施白釉，青花绘牡丹纹。壶口两道旋纹之间绘青花花叶纹。青花发色幽菁淡雅，胎体细腻。

动物型：动物型的纹饰中，最为常见的莫过于龙和凤了，虽然这两种动物只是人们靠智慧想象出来的，但是依然成了人们的最爱。尤其是龙纹，在我国古代更是占据了主位，而且不同时期绘制龙纹的手法也不相同。每个时期绘制龙头、龙爪以及龙鳞时，形状和数量都会存在一定差异，我们可以通过细致入微的观察，通过不同的数目去寻找对应的年代。元代时期绘制的龙纹，龙头比较小而龙身比较细，龙的全身都长满鳞片，身形也比较矫健，表情看上去十分凶猛。元代时期的龙大多数都是三爪，只有少数为四爪，爪子伸张十分有力。而明代官窑绘制的龙纹却多为五爪，龙爪成张开的形状。在明朝永乐时期之前，龙的形态还依然继承者

△ 青花麒麟纹簋式炉　明嘉靖

元代的风格，但是到了宣德时期之后，龙的风格就开始发生了改变。龙唇变得上翘，有的龙唇甚至画的好像猪嘴一样，龙须向上卷曲，龙身也变得粗壮起来。而后到了弘治和正德时期，龙身又开始变细，样子和元代十分相似。清代时期的龙纹变得气势恢宏，尤其是康熙年间，绘制的龙纹更是气势如虹。但是到了清代后期之后，龙纹的绘制也走向了下坡路，最终绘制出来的龙头甚至有点像虾公，简直与神物大相径庭。其他的动物纹饰也是如此，每个时期都具备不同的特点，根据这些纹饰的演变规律，已经绘制纹饰的手法，纹饰的精美程度，都可以作为判定青花瓷市场价值的参考。

△ **青花花鸟纹壶　清雍正**

规格：高12厘米　直径16厘米

　　1735年，一艘满载着中国瓷器的货船，从中国出发准备运往荷兰鹿特港，然后再分销到世界各地。途经越南海域时遇风浪沉没。上个世纪末，越南开始打捞，成千上万的瓷器被打捞出来。2007年开始，越南和外国拍卖公司合作拍卖，大量海捞瓷流向世界各地。

　　这个壶是其中的一个，在海中沉睡了300多年以后，依然光彩夺目。

　　此壶弯直流、耳形把，矮圈足，瓜棱梨形壶身，器形端正，壶体与壶流、壶柄比例适度，和谐统一，端庄大方。釉面肥润呈青白色，青花绘花鸟。青花发色幽菁淡雅，胎体细腻。构图较为紧密，花卉兼工带写，花蕊清晰，线条细腻流畅。

△ **青花云鹤纹朝珠　清雍正**

规格：直径3厘米

　　双通朝珠，中间有贯穿上下的洞，可穿绳。胎白质坚，施浆白釉，青花绘云鹤纹饰，用作宫廷朝珠或顶戴配珠。云鹤纹是一种典型的瓷器装饰纹样。古人以鹤为仙禽，喻意长寿。鹤纹始见于唐代，越窑青瓷上就有刻画鹤在云间飞翔的图案，习称"云鹤纹"。

△ **青花模印五蝠捧寿倒流壶　清康熙**

规格：高18厘米　直径17厘米

　　桃形倒流壶，足外撇，弯流，环形把。表面施青釉，近顶处青花绘桃叶、五只蝙蝠。底有一孔，用以注水入壶。英国人称此类壶为"卡多根壶"。蝙蝠因其谐音"福"，故在瓷器的吉祥纹饰中广泛采用。五蝠捧寿是清代蝠纹中的一种，多以五只蝙蝠象征五福，五福为五种幸福：寿、福、贵、安乐、子孙众多。

　　山水型：山水纹饰在元代时期还没有出现过，而明代前期山水纹饰也十分少见，一般青花瓷中出现山水纹饰，也都是为了配合人物纹饰而出现的。只有到了明朝的中期，一些民窑中生产的青花瓷上，才出现了单纯的山水纹饰。明朝时期出现的山水纹饰，大多构图都比较简略，一直到了清朝的康熙时期，山水纹饰才逐渐变得流行起来。当时山水画家王时敏、王鉴、王石谷、王翚等画家的作品风靡一时，其中王石谷与王翚的作品最受康熙帝的赏识。山水画的流行也推进来山水纹饰的发展，受到山水画的影响，清朝时期生产的青花瓷中也出现了带有山水画的作品。当时民窑中生产的带有山水画的青花瓷，多是潦草地画上几笔，而官窑中生产的青花瓷上的山水画作品却十分谨严工细。

人物型：元代是最早采用人物型纹饰的朝代，元代人物纹饰的构图一般都比较繁密，而且绘制人物纹饰的笔法也比较严谨。到了明代以后，民窑中烧制的青花瓷，人物纹饰一般都采用写意的手法来表达主题，绘制图案的手法也比较简练，画风比较自然。清代时期青花瓷上的人物画在康熙时期，画法最为高深，而且造型也比较夸张，具有很强的时代感。康熙时期的人物纹饰神态生动享誉盛名，可是到了清朝晚期，绘制手法就变得比较工稳了，线条也比较纤细，相比康熙时期要逊色许多。青花瓷上的纹饰不同，欣赏价值也不同，欣赏价值越高的青花瓷市场价值也随之升高，所以在判断青花瓷价格的时候，不仅可以从人物纹饰去判定年代，同时还可以根据纹饰的精美程度去判定价值。

△ 紫金釉开光青花描金仕女纹大壶　清康熙

规格：高21厘米　长27.5厘米

紫金釉是一种高温单色釉，主要以锰作为着色剂。此壶得之于比利时一古董商人，系清早期出口欧洲的外销瓷。在欧洲被称作"巴达维亚瓷壶"。此壶体积硕大，敦重古拙。胎体细腻，器直口、短颈、溜、圆球形腹，矮圈足。盔帽式盖，宝珠顶钮，管状直流微微上翘，圆环状把。壶盖及壶身除开十个大小光外，其它部分施乌金釉并饰剔花暗纹，盖面开三个叶形小光，开光内青花加矾红彩绘花叶纹，壶腹开两个叶形大光，内绘庭院仕女图，青花使用国产珠明料，色调翠兰深沉，在人物衣领部分点缀红彩，整器敦厚古雅，气度轩昂。

△ **青花开光人物花卉壶　清康熙**

规格：高11.5厘米　直径9厘米

奖杯形壶身，足外撇，长弯流，环形把上青花点缀飘叶纹。瓷质玉白，釉面光润。壶身六面开光，其中四面青花绘不同形态仕女，另外两面绘盆花。线条飘逸流畅，青花色调青翠淡雅。

△ 紫金釉开光青花矾红彩人物大壶　清康熙

规格：高21厘米　长27.5厘米

　　与前二壶同属"巴达维亚瓷壶"系列。三个壶得之于不同时间、不同地方、不同人。和前二壶的体积、胎体、器口、颈肩、壶腹、圈足、流把、纹饰，都极其相似，应是出之于同一时间、同一地点、同一窑口，只是此壶壶身开光、彩绘略有不同。经过三百多年的转辗迁徙，三个壶回到故乡，同聚于寒舍，且保存得这么完整，殊为难得。

△ 紫金釉开光青花人物大壶　清康熙

规格：高21厘米　长27.5厘米

与前壶同属"巴达维亚瓷壶"系列。体积硕大，胎体细腻，器直口、短颈、溜肩、圆球形腹，矮圈足。盔帽式盖，宝珠顶钮，管状直流微微上翘，圆环状把。壶盖及壶身除开十个大小光外，其它部分施乌金釉并，盖面开三个叶形小光，开光内以青花绘花叶纹，青花使用国产珠明料，色调翠兰深沉，紧贴胎骨。壶腹开两个叶形大光，内绘攀枝折柱图，整器敦厚古雅，气度轩昂。

文字型：文字型的纹饰，主要是利用诗文进行装饰，从唐代的长沙窑开始就已经有了这种装饰手法，后来也被运用到了青花瓷的制作当中来。早在1980年，考古学家在江西高安县发现了一个元代时期的青花瓷高足杯，这个高足杯内就带有草书的文字装饰，文字的内容是"人生百年长在醉，算来三万六千场"。元代青花瓷中用这种文字纹饰作为装饰的比较少见，而这件被发现的高足杯是迄

△ **青花赤壁赋诗文提梁壶　清乾隆**
规格：高17厘米　直径13厘米

提梁小壶，弯梁，曲流，短颈，丰肩，扁圆形腹体，整体形制秀巧。胎体坚致细腻，釉质光润。整体以青花装饰，一面倭角开光内绘赤壁夜游图，月夜之下，江上泛舟，仙鹤高飞，一派宁静安详的夜游景象。壶身另一面书赤壁赋诗文。诗文高雅，所书文字如行云流水，灵动畅快，开光外间以杂宝纹装饰。青花发色淡雅，诗

今为止发现的首例。青花瓷上的文字型纹饰，一般都采用"福如东海"或者"寿山福海"的吉祥寓意的文字作为装饰。明代时期一般都在青花瓷碗的碗底，常常带有"福""禄""寿""喜"等吉祥字样，清代初期一般都采用隶书或者草书进行书写，而到了明朝晚期，一般都只采用了草书进行文字书写了，字体比较潦草。

句优美，景物相连，十分难得。常见赤壁图的题材常以笔筒的形式出现，而此件以此题材烧造成瓷质茶壶，较为特别,当为文人雅士茶具之佳作。特别是此件茶壶为乾隆青花，就更为难得。北京故宫博物院收藏有一件雍正时期青花诗句人物提梁壶，为同一题材。

明代青花瓷早期很难见到以诗文作为装饰的，而到了明朝中期的时候，用诗文装饰的青花瓷逐渐多了起来。正德时期的青花瓷流行选用阿拉伯文进行书写，到了明朝晚期的时候，青花瓷上的装饰主要采用诗文与图案相结合的形式，字体也多采用行书进行书写。清朝初期，经常可以看见青花瓷盘的盘底上写有诗句。康熙时期，流行在青花瓷上书写长篇诗文，比如说：《出师表》《赤壁赋》《兰亭集序》等，一般采用长篇诗文进行装饰的青花瓷，都只采用纯文字进行装饰，很少有图文并茂的形式，字体也多采用楷书进行书写。根据文字型纹饰去判断青花瓷所出年代，并且根据文字书写的风格去判断其价值，文字书写功底越深厚的青花瓷，市场价值越高。

边饰图案型：这种类型的纹饰，主要采用云纹、回纹、璎珞、蕉叶、莲瓣、八卦、缠枝等作为主体纹饰，不同时期采用的纹饰主题都比较相近，但是这种纹饰一般都是作为辅助型纹饰出现的。虽然说这些纹饰每个朝代都有出现，但是每个朝代的纹饰图案都有一点差异，可谓是各具体色。在鉴定纹饰的时候，需要注意在同一个时期内，同一种纹饰的不同之处，要了解每朝每代纹饰的变化。这些边饰图案虽然是辅助纹饰，但也是青花瓷上不可缺少的装饰部分，更是判断青花瓷年代的重要依据，更可以通过纹饰特点去判断青花瓷的具体价值。

5 | 款识

款识是判断青花瓷年代的最要依据之一，一些青花瓷上的纪年款，直接就可以让人们一眼判断出来其生产年代。虽然说有了款识之后，对于判断青花瓷的年代就简单方便了许多，但是元代青花瓷上有款识的却非常少，迄今为止人们发现的元代青花瓷中，只有物件青花瓷上带有纪年款。其中一件青花云龙象耳瓶上，不仅带有纪年款还带有供养款，两种款识加起来供给有62个字，这件藏品是目前为止人们发现的款识最长的青花瓷。

款识不仅是证明瓷器所生产的年代的重要依据，更具有其特殊的市场价值。比如说一些吉言款的青花瓷，这些青花瓷的款识具有美好的寓意，用于馈赠也是非常不错的。而一些带有人名的款识，往往更加具有价值，有一些款识甚至还带广告的意味，像这种款识就具有特殊的价值。还有一些款识看上去不太起眼，但是这种款识也许是最有价值的历史资料，比如说一些带有款识的瓷片，虽然它们残缺不全，但是同样具有非常不错的市场价值。

一些青花瓷上的款识具有很高的历史价值，人们可以通过这些款识的特点去了解一些历史事件。比如说，早前人们发现的一个康熙民窑中生产的青花瓷砚的两侧，分别写有"二十一年，天下太平哪！"的字样。通过这句款识我们可以联想到当时人们饱受战乱之苦，生活究竟有多么痛苦，对于太平的生活十分向往。康熙二十年，吴三桂的儿子吴世璠自杀，这才结束了攻克三番的战役，这个战役一打就牵连了全国十多个省份，战火一触即发。连年的战乱让老百姓苦不堪言，人们都期待着太平盛世的到来。终于在康熙二十一年的时候，三番终于彻底清除了，而后人们在青花瓷上写出了这句发自肺腑的话语。这句话虽然看上去并不文雅，但是话语中却透露着人们对安定生活的渴望。其中"二十一年"指的就是康熙二十一年，之所以款识上没有出现康熙的年号，是因为在康熙前期的时候，纪年款都是没有年号的，这是这个时期款识的特有特点。

我们在判断一件青花瓷的真正价值的时候，需要从款识上去判断青花瓷的年代，也要根据款识的特点去判断其价值。像上面所说的那些比较特殊的款识，相比较一些中规中矩的款识，其市场价值会更高一些。

6 | 底足

青花瓷的底足分为全部露胎和部分露胎两种，无论是哪一种青花瓷，都可以通过观察胎质以及削足的工艺去判断青花瓷的所属年代以及市场价值。元代时期的青花瓷，底足都是以露胎为主，青花瓷的胎质比较粗疏，通过观察底足露胎就可以清楚看到。元代时期制作青花瓷的工艺还没有成熟，所以制作的青花瓷难免会比较粗糙，青花瓷的底部往往可以看见旋坯的痕迹，甚至有一些青花瓷的底部还有粘沙现象，并且底心也有乳状凸起的部分。

明朝初期以及明朝晚期，制作青花瓷的工艺相对比较粗糙，一些青花瓷的底部仍然会有粘沙现象，而且绝大多数的青花瓷的底部还可以看见清晰的旋坯痕迹以及放射性跳刀痕迹。除此之外，青花瓷的底部还有乳状凸起，这些特点都与明代的青花瓷十分相似，有一种返璞归真的感觉。明朝晚期的时候，圈足的足跟通常都比较尖，这种情况一直到了清代康熙后期才得到改变。康熙后期尖状的足跟逐渐变得圆润起来，而到了雍正和乾隆时期，也一直延续着这种样式，一直到后来这种圆润的足跟逐渐成了主流。

青花瓷的底足还可以帮助我们判断青花瓷的真伪，即便是底足上经过了补换或者涂饰之后，依然可以轻易发现破绽。因为底足经常要与放置面进行摩擦，如果是老物件，底足必定会有日积月累的摩擦痕迹，我们可以通过这些痕迹去判断其真实的年代。由此可见,青花瓷的底足是可以给我们提供不少信息的,我们可以通过这些蕴藏在底足上的信息,去判断青花瓷的年代,并且根据这些特点去综合青花瓷的市场价值。

二 青花瓷市场价值的影响因素

青花瓷的市场价格这几年来发展很快,虽然不及股票那么跌宕起伏,但是价格也逐渐走高。很多人不知道,究竟是哪些因素影响着青花瓷的市场价格不断出现变化,其实青花瓷的市场价格之所以不断变化,主要与市场行情、时代审美以及青花瓷的用料和用途都有极大的关系。

1 | 市场行情

有些人习惯性地觉得大家都去做的事情,自己也跟着做就不会出错,即便出错了错的也不止自己一个人。青花瓷与其他藏品不同,青花瓷之所以珍贵就在于青花瓷存世量非常稀少,所以市场行情才会逐渐走高。

现如今人们收入越来越高,生活水平的提高也让人们对物质生活以及精神生活的追求变得更高,随之而来的是人的文化品位也不断提高,这也对青花瓷市场带来了不小的影响。随着其他艺术品的价格逐渐升高,青花瓷的价格也不断攀升。在我国的瓷器市场上,青花瓷已然占据了市场的主导地位,尤其是元明清三代的精品青花瓷,更是在各大拍卖会上频频拍出成千万甚至上亿元的天价。

现如今一些古玩商场中售卖的青花瓷,绝大多数都是仿品,消费者千万不要抱有侥幸心理,觉得在古玩商场中能够捡到漏,因为有句话叫作"买得不如卖的精",商家绝对不会做亏本的买卖。想要买到真品青花瓷,可以去一些拍卖会或者通过藏家之间转让获得。最近这二十年来,中国的青花瓷市场价格最少要比此前翻了十倍。大家要知道艺术品藏品的价格只会越来越高,这是因为这些藏品都是古时候遗留下来的,时光不能倒流的道理大家都懂,所以这些藏品都没有再生能力。随着存世量越来越少,青花瓷的价格也越涨越高,现如今人们对青花瓷的

第三章 青花瓷的市场价值分析

△ **青花象形小壶　清康熙**

规格：高3.1厘米　长4.4厘米

  迄今为止能够见到的年代最早、体积最小的青花壶，乃友人从欧洲一古董商人处购得。该古董商酷爱此壶，收藏多年，不愿出手。友人知我爱壶如痴，费了不少口舌终于为我购得。此壶虽小，却很精致。它的外形塑成一小象，青花勾勒象鼻、象背、象腿，连象身上的花纹都有很细的描绘。特别是壶足被塑成四条象腿，十分可爱，玩味无穷。古玩，古玩，这也许才是把玩的魅力所在。

需求量已经远远高出了青花瓷的存世量，不平衡的两个点造成了青花瓷价格持续走高。这里切记，只要青花瓷是真品，价格只能越来越高，绝对不会出现贬值的现象。

现在市场上有不少仿制的青花瓷，在众多仿制的青花瓷中，也有不少很不错的作品，这些作品也具有一定的市场价值，毕竟制作的工艺还是非常不错的。仿古的青花瓷作品，虽然不如真品那样价值连城，但是其市场价值也是不错的。比如说仿制的元朝青花瓷，如果这件青花瓷可以卖到100万的价格，那么一件仿制工艺十分精细的仿制青花瓷，其售价也可以达到20万左右，虽然售价不及真品的五分之一，但是如果仿制品处于一些大师之手，也是具有一定的市场价值的。

△ **青花殷实铃铛杯　　清康熙**

规格：通高16厘米　直径7.5厘米　底径6.6厘米

仿欧式金银器造型。敞口，深腹，箍胫，缓坡座，二层台底卧足，胎白质坚，施青白釉，釉色泛白。青花绘纹饰，呈色鲜艳，口沿内外绘同心圆和茎叶边饰，座面饰莲子纹，杯腹绘仰覆莲瓣形开光果树结实纹。

△ **青花婴戏持荷莲瓶　　清康熙**

规格：通高16厘米　直径7.5厘米　底径6.6厘米

盖作宝珠钮，拱弧面，出沿，子口；瓶，洗口，高束颈，圆弧肩，鼓弧腹，下腹束敛。矮直胫，胫边微弧，二层台圈足，外底有一台级。胎洁白坚致，施浆白釉。青花绘饰纹样，呈色青中泛灰。盖钮涂青花，盖面和瓶颈周饰莲瓣纹口边绘曲折纹边饰，胫部饰两层莲瓣边饰，腹部以双弦纹边饰青花地白纹莲瓣开光婴戏折枝莲图。底款落青花叶纹。

△ **青花缠枝西番莲铃铛盖杯　　清康熙**

规格：通高26厘米　直径7.5厘米　底径6.6厘米

盖作葫芦钮，微弧面，出沿，子口；杯呈筒形，下腹渐收，箍胫，缓坡圆座，二层台底。器施青白釉，釉色泛白。盖内沿、子口和杯口内壁露白细坚质砂胎。青花绘纹饰，呈色鲜艳。钮顶涂青花，钮肩绘莲瓣纹；盖面、杯口和胫部饰隐浮雕莲瓣形开光折枝番莲纹；腹部和器座绘画缠枝番莲纹。底款青花蕉叶款。

第三章 青花瓷的市场价值分析

△ **青花缠枝莲纹八棱壶　清康熙**
规格：高14厘米　直径15厘米

　　壶身呈八棱，底部宽阔，丰肩，弯曲圆流，柄连接于肩与腹部之间。釉厚滋润，釉面白中泛青。盖成八角圆拱形，宝珠钮。壶身八瓣开光，分别绘缠枝莲纹，花瓣为双勾绘制，内填以细线到尖，层次清晰。缠枝线条生动自然。盖面绘八朵莲花纹样，线描纹饰色泽浓艳，釉汁凝厚而莹润。

2 | 时代审美

　　青花只是我国瓷器制作工艺中的一种特殊手法，而制成的青花瓷却美艳动人，成了国内外知名的艺术品。如果追溯青花瓷的起源，最终可以从唐宋时期就可以看到一些制作青花瓷的端倪，后来随着人们的制瓷工艺逐渐变得发达，青花瓷的制作工艺终于在元代趋于成熟。迄今为止，我国的景德镇所生产的青花瓷，从古至今都一直备受人们青睐，一直到今天景德镇所生产的青花瓷依然享有盛名。

　　提到青花瓷的时代审美，我们不得不从青花瓷的发展过程讲起。在历史上的一段特有时期，青花瓷的花纹风格偏向于外国的花纹风格，虽然制作青花瓷的工匠还是中国人，而且青花瓷在保持古色古香的韵味的时候，还透露着一些外国

△ **青花人物故事纹盘　明万历**
规格：直径21.5厘米

风情。比如说利用进口回青制作而成的青花瓷上，常常带有穆斯林风格的花纹图案，当时这种用回青制成的青花瓷远销海外，成了外销瓷。青花瓷的美就美在了它的颜色，以及它给人们的那种幽静的感觉。青花瓷上的青色虽然看上去比较单调，但是细看之下你就会发现，这些看似单调的青色，实际上并不单调，反而显得比彩色染料层次更加丰富，而且单单利用深浅不一的绘画手法就能够将一幅画勾勒的清晰完整，而且将画中的神韵表达出来，这就是青花瓷的魅力所在。从青花瓷的制作工艺上，就可以反映出古时候人们高超的制作工艺。此外，青花瓷的瓷白，釉色犹如一块美玉一样，加上具有生命力的青色纹饰图案，一件精美的青花瓷作品就这样呈现在世人的面前。虽然青花瓷美得让人惊讶，但是由于瓷器具有易碎的特点，所以想要完好地保存至今绝不是一件容易的事情，现如今一件完整的青花瓷弥足珍贵。

第三章 青花瓷的市场价值分析

△ **青花荷塘芦雁牡丹纹大缸　明万历**
规格：直径50厘米

　　青花瓷实际上是白的蓝花釉下彩瓷器的一种统称，最早发现的青花瓷出现在唐代，那个时期出现的青花瓷只能说是青花瓷的雏形，事实上并不是真正意义上的青花瓷。到了元代之后，青花瓷的制瓷工艺逐渐开始变得成熟起来，后来到了明朝之后，青花瓷已经成了当时人们使用瓷器的主流产品。青花瓷的巅峰时期出现在清代，尤其是清朝的康熙、雍正、乾隆三个时期，在这段时间里中国的经济繁荣，国家昌盛，制造业发展迅速。青花瓷的制作工艺也达到了顶峰时期，后来随着国力逐渐衰败，青花瓷的制作工艺也逐渐退步，最终变得没落。青花瓷跌宕起伏的发展历史，也造就了青花瓷不同时期不同的审美感。

△ 青花缠枝花卉纹琮式瓶　清乾隆
规格：高38.4厘米

第三章 青花瓷的市场价值分析

△ 青花缠枝花卉螭龙耳云口瓶（一对） 清乾隆
规格：高24.8厘米，直径16.7厘米

△ 青花花果纹执壶 清道光
规格：高29.8厘米

△ 青花缠枝莲纹赏瓶 清同治
规格：高39.2厘米

青花瓷上常常带有一些花纹图案，而这些花纹图案中有一些恢宏大气，有一些则是高贵华丽，相信很多朋友会有这样的疑问，想要知道青花瓷上的花纹图案究竟哪一种才更具价值。其实，青花瓷上的花纹图案，本身是没有贵贱之分的，之所以青花瓷上的花纹图案会出现不同的样式，是因为历朝历代的帝王将相们，所崇尚的艺术风格不同，这也就是不同时代的不同审美观。由于审美观不同所以青花瓷上的花纹图案也会发生改变，要么清新文雅、要么雍容华贵、要么端庄典雅，总之每一种不同风格的青花瓷，都具有它们特有的时代审美感。

3 | 用料和用途

青花瓷历经千百年的历史，在制作用料以及器物的用途上也是多种多样，青花瓷的用料和用途都影响着其市场价值。元代时期生产的青花瓷，在用料上主要采用进口料，而到了明代之后，还都延续使用元代剩下的进口料。这些进口料全部都是由我国古代著名的航海家郑和从国外带回国的，这些用料不同的青料催化了青花瓷的诞生。由于用料的不同，所以制作完成的青花瓷发色也存在一定差异，明代时期所生产的青花瓷发色主要为青色、蓝色以及紫色三种颜色。之所以这个时期生产的青花瓷颜色各异，主要与青料的品种有很大关系，颜色越鲜亮的青花瓷，市场价值越高。

△ **青花瓜果纹大盘　元代**

△ **青花鱼藻纹大盘　元代**

△ **青花冰梅纹罐　清光绪**

　　除了青花瓷的用料会影响其市场价值，青花瓷的用途同样也会影响其市场价值。青花瓷历史久远，所以造型也相对比较丰富一些，除了一些日常生活中比较常见的碗、盘、盏、碟之外，还有一些文房用具、酒具、茶具、冥器、祭器等等。这些用途不同的青花瓷，其造型也非常丰富。最初青花瓷只作为日常饮食用具出现，后来用途逐渐变得广泛，而且制作工艺也逐渐变得成熟。最早在宋代时期就已经出现了青花瓷，只不过当时人们的制瓷工艺并不发达，制作完成的青花瓷瓷质比较粗劣，而且造型也比较简单，纹饰图案也十分简练。当时用途最广的青花瓷就莫过于罐了，这种器型的青花瓷主要是用了盛装液体的。后来，随着制瓷工艺逐渐发展，瓶又出现了，瓶不仅可以用于盛装液体，由于瓶子的造型比较修长，加上纹饰比较丰富，所以也经常被人们用做欣赏陈列之用。宋代时期的青花瓷实用性比较强，所以造型都十分简单，用于陈设之用的青花瓷并不是很多。

元代时期制瓷的工艺逐渐发展成熟，此前宋代生产的青白瓷也退出了历史舞台。随后人们开始逐渐拓展青花瓷的用途，一些瓷雕塑也就逐渐出现了，这些瓷雕塑的造型都十分逼真，雕塑的形态栩栩如生，这些瓷雕塑主要是用于观赏之用。随着时间的推移，青花瓷的用途越来越广，从最初单纯的实用性，逐渐成了妆点人们生活的摆设。

我国古时候人们都崇尚风水，觉得好风水可以改变人的命运，而青花瓷制成的摆设也常常被人们用作摆风水阵之用，作为摆设的青花瓷极具欣赏价值，而且也能够彰显其主人的高雅品位。一般来说，一些比较大的青花瓷瓶都是摆放在门口或者是卧室之内，而一些比较小的青花瓷瓶，主要是摆在餐桌上作为观赏之用。一些实用性比较强的青花瓷，在市场上的价值相比较极具观赏性的青花瓷要便宜一些，这不仅是因为用途不同，也因为制作工艺上存在差异。极具观赏性的青花瓷，其制作工艺也十分复杂，所以市场价值自然就高了。

△ **青花盆景花卉纹花浇　清康熙**
规格：通高26厘米　直径7.5厘米　底径6.6厘米

圆口、高直颈、溜肩、胫部渐收，平底，浅圈足，腹部一侧置扁条状弯柄，塑耳垂，胎洁白坚致，器壁较厚、釉色泛青，青花绘纹饰，呈色蓝中泛黑，纹样装饰图案化。柄面饰折枝叶纹，杯颈、肩部以弦纹分隔三层纹饰，为如意形贯枝叶边饰、白纹锦地曲折纹边饰、蓝地白纹锦带如意形开光；腹部绘两层纹饰，贯枝叶纹间以折枝花卉纹、花卉盆景间饰如意形蔓叶纹。

△ **青花仕女花卉纹大罐　清康熙**
规格：通高42厘米　直径7.5厘米　底径6.6厘米

　　盔帽式盖附宝珠钮，青花开光绘仕女、花卉纹。罐敞口，直颈，溜肩，鼓腹下敛，胫下外张，典型的康熙将军罐器形，规整、大气，在器身仰俯莲开光内青花绘画"仕女戏童""月下弄琴""荷塘采莲"等主题纹饰，间隔盆景、湖石、牡丹等寓意富贵荣华、闲情雅致的图案。颈部和足边点缀环带回纹和缠枝莲纹。整体纹饰繁而不乱，青花发色浓艳，笔法流畅简洁，人物形象生动活泼，极具观赏和收藏价值，美品。

△ 青花开光山水人物大壮罐　清康熙

规格：通高62厘米　口径10.3厘米　底径6.6厘米

器形规整，画工精细。盖作宝珠钮，拱圆面，菱花口折沿，子口；罐，直口，短颈，圆弧肩，直圆腹，胫渐收，平底，圈足。胎白质坚，施浆白釉。盖内沿、子口和罐口内边露白细砂胎。器作隐浮雕开光装饰，青花绘纹饰，青花呈色淡雅，盖钮涂青花；盖面和罐肩、胫部饰莲瓣形开光，腹部作余地分格开光，各开光边饰绘蔓草纹边饰，开光内绘折枝梅花纹，或折枝牡丹花纹和山水人物图。底落青花新叶款。

△ **青花开光折枝花卉纹大盖缸　清康熙**

规格：通高40厘米　盖径43厘米　底径13厘米

器型硕大，规整端庄，胎质洁白细腻呈糯米胎，青花双圈树叶款。通体8开光，开光内分别绘牡丹、鸡冠花。绘画用线描和设色等手法，布局合理、青花发色浓艳，层次分明、折枝花卉争相斗艳尽收眼底。

掌握投资青花瓷的技巧

不少消费者在购买青花瓷的时候，往往对其价格掌握不到位，因此多花了不少冤枉钱。尤其是一些抱着投资想法的买家，如果买进的价格过高，就意味着未来收入将大大降低。最近这几年青花瓷的市场价格起伏不定，但是总体而言青花瓷的市场价格是一直走高的，就好像是股票中的优质股一样，虽然涨幅不会有惊人的波动，但是却能够保持持续上升的趋势，这就说明投资青花瓷收益还是不错的，只不过要掌握一些投资青花瓷的技巧。

1 | 关注文物拍卖市场行情

对文物拍卖市场行情不太了解的朋友可能还不知道，早前青花瓷在拍卖市场上的价格逐渐高涨，而最近两年来更是屡屡拍出惊天高价。价值千万的青花瓷比比皆是，甚至还有超过亿元的青花瓷藏品。在众多的天价青花瓷中，大多数都是明清时期官窑烧制出来的青花瓷，这些青花瓷无论是在拍卖会上还是在古玩市场上，都具有惊人的市场价值。在文物拍卖市场上，明清时期的青花瓷一直处于领先行列，看到这里相信很多人要问了，为什么明清时期的青花瓷市场价格会如此惊人呢？

△ **青花花卉壶　清康熙**
规格：高14厘米　长12厘米
　　壶圆口，短颈，直流，弓形把，梨形瓜棱壶身，拱形盖带花蕾钮，壶两面用青花绘洞石、花草和蝴蝶。流上青花绘装饰花草点缀。壶体与壶流、壶柄比例适度，和谐统一，端庄大方。

其实，青花瓷价格的高低与自身的制作工艺有很大关联，明朝有几个时期，制瓷工艺到了高峰期，尤其明朝早期永乐和宣德时期，这两个时期的青花瓷被称为"永宣"，在这个时间段内生产的青花瓷高档大气，而且瓷胎也十分漂亮，因此这个时间段内生产的青花瓷格外受人们的喜欢。成化时期的青花瓷制作工艺更加精细，尤其是在胎土的选择上，比其他时期更加严谨。要求胎土必须要精细，制作的青花瓷胎一定要轻薄，而且纹饰也格外讲究。这个时期生产的青花瓷，胎釉放在灯光下看的时候，会看见有一些泛红的色彩。明清时期除了官窑生产的青花瓷质量超高之外，就连民窑中生产出来的青花瓷也十分精细，制作工艺同样精湛，所以这个时期生产出来的青花瓷，市场潜力非常巨大，升值前景也被人们看好。

现在古玩市场上的官窑瓷器数量越来越少，一件完整的青花瓷更是难寻，所以这也导致了青花瓷的市场价格一直居高不下。不少人曾经问过我同样的问题："收藏青花瓷是不是只能盯着官窑呢？"对于这个问题我前面已经提到过，明清时期青花瓷的制作工艺十分精湛，即便是民窑生产的青花瓷也同样如此，所以建议大家可以多关注一下民窑青花瓷，未来民窑青花瓷的市场价格也会上涨，同样具有不错的投资前景。

从目前的古玩市场上的行情来看，在今后的一段时间里，明清时期的青花瓷同样还是投资的热点，未来的升值空间也非常不错，因为目前为止大众的审美观点还一直都停留在这里，所以投资前景也被人看好。现在古玩市场上明清官窑生产的青花瓷，数量十分稀少，而且价格也高得惊人。在各大拍卖会上，明清时期官窑生产的青花瓷更是成为人们争相竞拍的焦点，各种天价青花瓷也就这样出现了。

最后还要提醒一下想要投资青花瓷的朋友们，平时可以多留意一些青花瓷的拍卖行情，这对于自己购买青花瓷也有一定帮助。只有掌握了拍卖行情，才能够在购买青花瓷的时候做到心中有数。一般来讲，一些存世量比较少的清三代的官窑青花瓷十分罕见，这些青花瓷的画工十分精细，作用也十分精美，而价格更是高昂，这类藏品并不适合大众收藏，只适合一些小众具有经济实力的收藏者购买。作为普通的收藏者，也可以多留意一些清三代民窑的青花瓷，虽然不能与官窑青花瓷相提并论，但是这个时期民窑生产的青花瓷同样比其他时期的青花瓷工艺更胜一筹。

2 | 投资青花极品

这几年青花瓷的价格持续走高,也因此不少人有了想要投资收藏的想法,其实这些想要投资收藏青花瓷的人中,真正懂得青花瓷,喜欢青花瓷的人并不是很多,大多数人都是抱着投资赚钱的想法。大家都知道官窑的青花瓷工艺优良,所以市场价值相比较民窑要高出很多,也正因为如此,现如今市场上仿造官窑的青花瓷越来越多。不少玩家在下手购买的时候,也都十分谨慎,毕竟一个走眼就可能让自己辛苦赚来的钱打了水漂。

△ **青花瑞果纹盖罐　明万历**
规格:高16厘米

△ **青花双龙戏珠纹八棱洗　明万历**
规格：直径35厘米

现在的青花瓷市场的水很深，有很多青花瓷作品的价格都高得离谱，而这些高价青花瓷中，有一部分青花瓷的价格是采用炒作的方法炒高上去的，而这些被炒上去的价格，一旦高上去了就无法降下来了。其实青花瓷的价格高低都不是重点，重点在于能不能真正买到一件真品，前面我也提到了现在市场上的高仿制品越来越多，所以在购买的时候经常会一不留神买到假货。只要买到真的青花瓷，无论价格高低，未来你手中的青花瓷价格一定会上涨，买到真的绝对不会赔钱。青花瓷的种类繁多，投资的时候究竟要选择哪一类的呢？这里我建议大家想要投资青花瓷，最好选择一些极品青花瓷作为投资目标，这些青花瓷虽然价格相对较高，但是未来升值空间非常大。就拿现在市场上最火的"清三代"（清朝康熙、雍正、乾隆三个时期）青花瓷来说吧！目前为止清三代青花瓷的升值空间大概在10%~20%之间，而更早的元代青花瓷升值空间更大，所以要投资还应该选择这两个时期的青花瓷作为投资目标。另外，在投资青花瓷的时候，最好选择官窑青花瓷，因为古时候官窑生产出来的青花瓷，主要是为皇家定制，所以无论是选材还是做工上，都是无可挑剔的，所以价格自然也是普通民窑青花瓷的几十倍。

有不少想要投资青花瓷的朋友会问这样一个问题："未来青花瓷究竟能够涨到什么价格？"其实，这个问题的答案实在不好估计，谁也无法预知未来的涨幅情况。而且青花瓷不比其他藏品，青花瓷本身具有极高的历史价值、文化价值、工艺价值以及美学价值，单单是这些价值累计在一起，就已经远远超出青化瓷自身的价值了，所以青花瓷的价格上限根本无法估计。

△ 青花镂空花卉纹捧盒　明万历
规格：直径23.5厘米

总而言之，无论是从投资的角度出发，还是从收藏的角度出发，购买青花瓷一定要注意千万别买到假货，真品尤为重要。如果能够将真品和极品两者结合在一起，那么无论是作为投资还是作为收藏，都是非常不错的选择。极品青花瓷必定有精细的做工，精细的做工让其艺术价值得到了更好的体现。与其说青花瓷是藏品，倒不如说青花瓷更是一件艺术品，艺术价值越高的青花瓷，就越具有投资价值。

3 ｜ 果断瞄准时机

近几年来，青花瓷收藏市场的前景一直被大众所看好，尤其是最近四五年以来，青花瓷投资收益正在以每年30%的收益速度逐渐攀升。有一些制作精细的青花瓷的身价，更是几年里翻了几番。面对如此大的利润诱惑，不少人开始准备好跃跃欲试，可是投资青花瓷也需要冷静才行，必须要果断瞄准时机，才能够将收益做到最大。

现如今青花瓷收藏市场中，一些做工精细的青花瓷，价格攀升速度最快。大家都知道官窑生产的青花瓷，往往能够卖出惊人的天价，岂不知一些做工精细的民窑青花瓷，同样也有巨大的升值空间，而且民窑青花瓷的投资数额并不是很大，相对来说投资风险也比官窑青花瓷低很多，非常适合一些中小型的投资者介入。虽然说青花瓷价格高昂已经人尽皆知，但是也有南北方差异。我国一些沿海城市购买力要远远大于内陆城市，所以商品的售价上就会出现一些差异，去内陆城市购买价格能够相对低一些。

投资青花瓷与其他投资不太一样，很多人都喜欢赚快钱，最好能够今天买每天就卖的那种。投资青花瓷却不适合这种快速的倒买倒卖，而适合中长期持有。青花瓷市场分为冷暖期，一般来说一件青花瓷最好能够在手中持有5~10年的时间，这样才能够获得更大的利润回报。这么长的投资时间，对于一些收藏者来说会造成一些经济压力，所以这里建议大家在投资青花瓷的时候，可以不将目标放在一件藏品上，可以采用广撒网的方法进行投资。一次性可以购买多件青花瓷，有人会问了，同时持有这么多件青花瓷，经济压力不是更大吗？因为青花瓷的价格是持续上涨的，短期持有虽然不能够赚到更大利润，但是也会给人们带来一定利润收入，所以可以一次性多收入几件，看行情好了先出手几件，再将其他的保留下来继续等待行情走高。这样可以不错过任何的利润上涨的机会，同时还可以缓解自己的经济压力。

另外，现如今青花瓷市场上，一些存世量较多的藏品售价并不是很高，但是未来升值空间也是非常大的，不妨现在早点涉足投资，先购进一些存世量比较大价格比较便宜的藏品，但是注意一定要选择那些精品来投资，否则收益也不会很高。最后还要提醒一下新手玩家，现在青花瓷市场上鱼目混珠的事情比比皆是，稍有不慎就可能购买到赝品，所以在决定投资青花瓷的时候，一定要注意鉴别青花瓷的真伪，这才是确保投资成功的首要前提。

四 青花瓷市场价值的未来走向

关于青花瓷市场价值的未来走向这个问题，相信很多人都想知道，虽然笔者没有预知未来的能力，但是却可以根据现在青花瓷投资市场的现状来为大家分析一下，未来青花瓷的市场价格究竟会是怎样一个走向。

1 | 青花瓷投资市场的现状分析

所有瓷器收藏中，青花瓷首当其冲，是人们投资和收藏的重中之重。青花瓷素有"瓷中之王"的美誉，不仅具有很高的艺术欣赏价值，还具有非常不错的投资潜力。现如今银行的利息低得可怜，所以不少人将银行中的钱取出来去做了青花瓷投资，投资的收益可要比银行存款收益大得多。众所周知，清代青花瓷是历代青花瓷中最具达标性的，这个时期中国国力昌盛，所生产的青花瓷更是精美绝伦，所以这几年来清代青花瓷在拍卖市场上，也屡屡被拍出了惊人的天价。

现在清代官窑青花瓷的售价，已经不是普通的藏家所能负担得起的，只有一些小众的投资者才能涉及。当官窑青花瓷不能被收藏者随意触及的时候，人们又将目光投入到了民窑青花瓷身上。不同于官窑青花瓷，一件民窑青花瓷的价格还是一般收藏者所能接受的价格，虽然民窑青花瓷的价格不如官窑青花瓷高，但是也不能小看了它们的升值空间。最近几年来一些做工精美的民窑青花瓷也走向了拍卖台，而且常常以成百上千万的价格成交，所以千万不能小看民窑青花瓷的投资价值。

民窑青花瓷与官窑青花瓷在设计风格上有很大区别，民窑青花瓷的设计风格常常都是不拘一格的，画风流畅且自然随意，具有很强烈的中国传统民间风格，这些民窑青花瓷作品，常常能够反映出当时社会发展背景以及人们的生活状态。与众不同的风格，让民窑青花瓷有了非常大的发展空间，许多藏友们也都将目标转移到了民窑青花瓷身上，进而现在民窑青花瓷收藏已然掀起了一股收藏热潮。

青花瓷的市场价值不仅体现在自身的收藏价值，还体现在青花瓷中蕴藏的历史价值以及青花瓷能够体现的欣赏价值。根据统计显示，青花瓷的价格上涨速度是所有陶瓷类藏品中最快的，其价格几乎是一年一变。尤其是最近几年青花瓷的价格涨势更是如火如荼，不论是元代、明代还是清三代的青花瓷作品，都拍出过千万以上的高价，涨幅惊人让人无法估计其未来价值。

青花瓷的价格之所以屡屡攀升，是因为其制作工艺在美术史上堪称史无前例，所以屡屡拍出高价也在情理之中。现如今全世界的各大博物馆也都争相收藏青花瓷，单单从这一点就不难看出青花瓷的价值。每一件青花瓷似乎都带着无数的传奇故事，从古代穿越到现代，它给人们带来了无限的财富，所以不论是现在还是以后，青花瓷都将成为收藏者们的最爱。

△ **西番莲纹盖瓶　清康熙**

规格：通高52厘米　口径16厘米　底径6.6厘米

　　盖作宝珠钮，拱圆面，菱花口折沿，子口；罐，高直颈，弧肩，丰腹，腹下渐收，高胫下撇，二层台底。胎白质坚，施浆白釉。盖内沿、子口和罐内口边露白细砂胎。青花绘纹饰，呈色鲜艳。盖钮涂青花，罐口、胫边绘曲折纹边饰；盖面和器身满饰西番莲纹。底落青花双圈灵芝款。

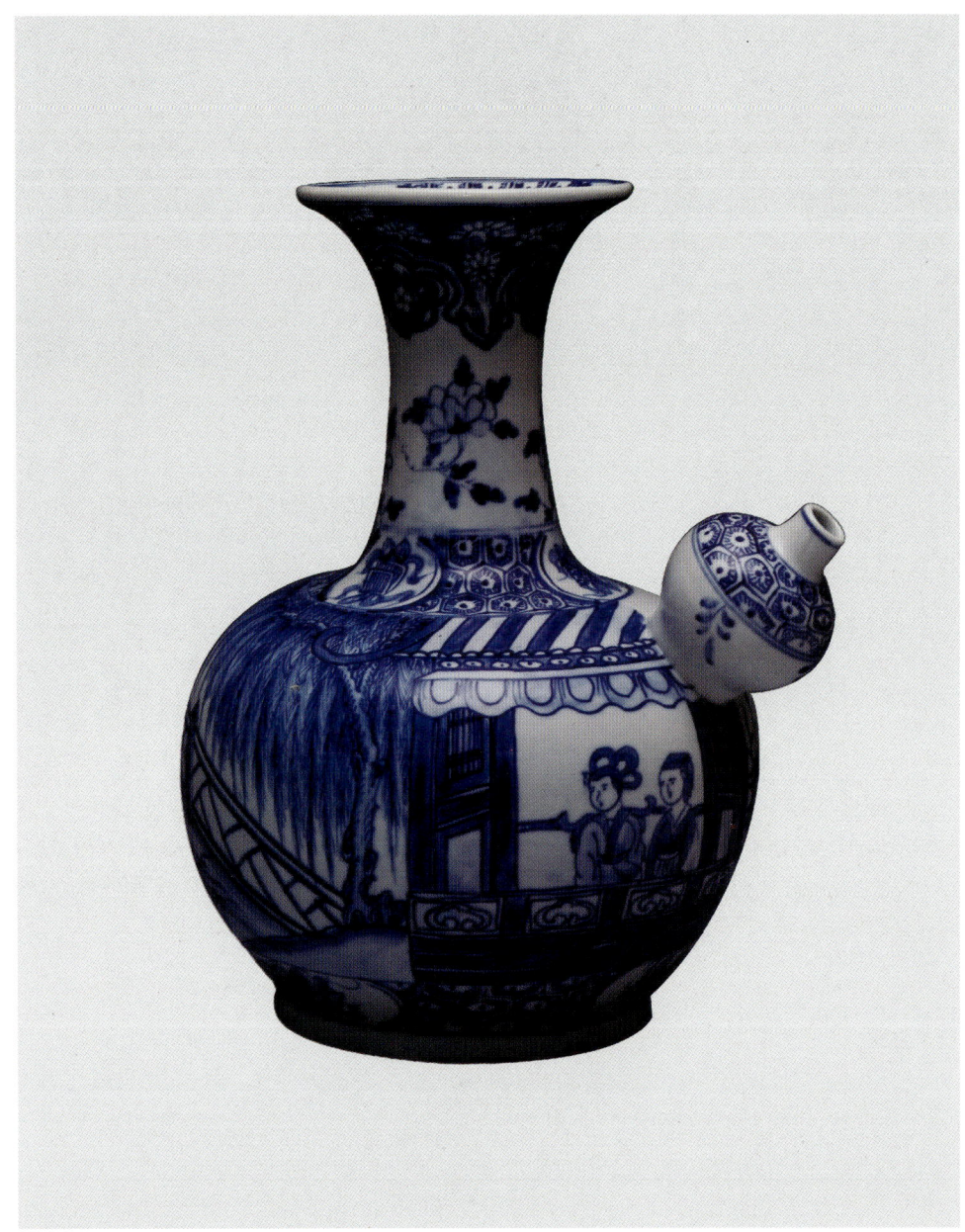

△ 青花西厢记人物纹军持　清康熙

规格：通高52厘米　口径16厘米　底径6.6厘米

  器型规整，胎质洁白细腻。明珠料的发色深沉淡雅，浓而不艳给人以清新的美感。纹饰的绘画彰显了窑厂绘画大师的高超技艺。纹饰的布局繁而不乱：口沿绘画博古、颈部绘画缠枝花卉纹、腹部绘画庭院人物、洞石芭蕉，柳树栏杆。尤其是人物的绘画生动形象传神，人物的神韵栩栩如生：军持是古代皇家贵族佛前上香净手装水的神器，自古以来受到收藏大家的追捧。

2 | 青花瓷价值的未来发展趋势

在中国陶瓷品收藏市场中，青花瓷一直占有举足轻重的地位，成百上千万的成交价格也让其成了投资收藏的宠儿。现在古玩市场上，一些品相好的青花瓷，其价格也是高得惊人，虽然价格昂贵但是似乎一点也没有削减人们对它们的追捧热情，一直以来青花瓷都呈现出供不应求的趋势。

在众多的青花瓷作品中，明清时期生产的青花瓷的价格已经翻了几番，甚至价格每年都以成倍的速度上涨，市场行情一直有增无减。早在2001年的时候，一件明朝永乐时期的青花瓷烛台，就曾以880万的价格成交。可是就在成交后的第四年，这件藏品再次出现在拍卖会中，而这次的拍卖价格却已经超出了千万，而最终这件藏品被一名藏家以2035万元的价格拍走，不得不说这种价格涨幅还着实人们惊叹。其实，这种涨幅在普通人眼中已经很惊人了，可如果对青花瓷行情有一些了解的朋友就应该知道，其实这点涨幅还不能够让人震惊。因为在2005的时候，一件名为"鬼谷下山图"的元代青花瓷罐，曾经以1568.8万英镑的价格成交，这个数字换算成人民币就是2.3亿元左右，如此的天价是不是更让人咋舌呢？无独有偶，在2009年的时候，一件明朝宣德时期的青花瓷高足盌在拍卖会上以2306万元的价格成交；随后2010年时，一件清朝乾隆时期的青花瓷缠枝莲纹花觚在拍卖会上以6680万元的价格成交；2011年时，一件明朝永乐时期的青花瓷如意垂肩折枝花果纹梅瓶，最终以1.6866亿港元成交；2013年时，一件明代成化时期的缠枝秋葵纹青花瓷宫盌，又再次以1.41亿元港元成交。一件又一件的天价青花瓷藏品屡屡出现在世人们的面前，而且每一年的成交价格都高得惊人，由此可见青花瓷的价值，在未来也具有很被人看好的发展趋势。

根据最近几年来的市场行情观察后发现，目前为止清三代的青花瓷是最具有升值潜力的，尤其是青花瓷文房四宝以及一些瓶件藏品，这些藏品的共同之处在于它们都可以用来陈列，也都是书房中必备的物件，所以更受一些藏家们的喜欢。

官窑青花瓷的升值空间巨大，但是市场价格也非常高，并不是所有的人都可以涉足其中的，相比较官窑青花瓷，民窑青花瓷虽然价格不及官窑青花瓷那么高昂，但是未来的发展空间也十分巨大。尤其是一些制作工艺十分精美，且艺术水平高的作品，更是与官窑青花瓷之间差距不大，所以未来民窑青花瓷将有一个很不错的升值空间。

第四章

青花瓷的收藏与选购

随着周杰伦的一首古典风的《青花瓷》被传至大街小巷后,不少人对青花瓷开始逐渐了解起来,甚至有一群人只要谈到瓷器,他们就会第一时间想到青花瓷,就好像瓷器中没有其他品种,只有青花瓷一样。由此可见,青花瓷在人们心目中具有的重要地位。在众多的瓷器收藏当中,青花瓷也当之无愧地拥有了不可撼动的地位,成了人们收藏的首选。可是,想要拥有一件值得收藏的青花瓷,究竟要如何去选购呢?这一章中,我将重点与大家分享一下,青花瓷的收藏与选购知识。

△ **青花开光矾红彩花卉壶　清康熙**
规格:高17厘米　直径22厘米
　　规格:清早期出口欧洲回流壶。壶腹鼓型,丰肩,圆直流置于腹部,柄连接于肩和腹部之间。盖为圆拱形宝珠钮。壶身用青花绘菊花和花草纹,用矾红彩饰开光线条、点缀花朵。所绘纹饰清新淡雅,釉汁凝厚而莹润。

第四章 青花瓷的收藏与选购

青花瓷的收藏、选购原则

收藏青花瓷与购买普通商品不同,假如你想购买一件衣服,那么只要遵从自己的喜好就可以了,可是青花瓷与其他藏品一样,在购买的时候都要遵从一定的原则,只有这样才能够购买到值得收藏的藏品。

△ **青花六棱开光仕女纹壶　清康熙**
规格：通高13厘米　直径17.5厘米　底径6.6厘米

器形规整端庄,胎质洁白细腻呈糯米胎。盖和壶身塑成六方形,壶的一端置一多切面流,与之对称的一端置一耳形把。青花发色沉稳淡雅、绘画精美。盖面六开光设宝珠钮,开光内青花绘花卉。壶身六开光内分别青花绘仕女和花卉纹。

1 | 重原料

购买青花瓷的时候,一定要注重青花瓷的原料。前面的章节中我已经为大家介绍了许多关于青花瓷原料的知识,从这些知识中我们了解到,制作青花瓷的原料有两种,一种是进口青料,另一种则是国产青料。其中,进口青料在制作青花瓷的时候,呈色会变得青翠欲滴,这是国产青料所不能及的。虽然进口青料也有弊端,比如说烧制完成之后,青料表面会形成一些黑斑,但是这些黑斑与其艺术价值来比,基本上可以忽略不计。

△ 青花通景山水纹花觚　清康熙

规格:通高52厘米　口径16厘米　底径6.6厘米

器形规整,画工精细。敞口、长颈、圆弧肩、圆鼓形腹,胫渐收,平底,圈足。胎白质坚,施浆白釉。底露白细砂胎。青花绘通景山水人物纹饰,远山、近水、楼阁、洞石、宝塔,形成一幅生动的山水人物图。青花呈色淡雅,胫部饰莲瓣形开光,各开光边饰绘蔓草纹边饰,开光内绘蓝地白折枝梅花纹,或折枝牡丹花纹和山水人物图。底落青花新叶款。

△ **青花婴戏图四系壶 清康熙**

规格：高28厘米 直径21厘米

　　此壶流虽残，仍不失康熙青花风采。鼓腹四系，卧足。盖和壶身青花绘婴戏纹样。釉面肥润呈青白色，胎体活白坚硬，薄厚适中。釉面粉白。胎釉结合紧密。青花呈色鲜蓝青翠，明净艳丽，清朗不浑，艳而不俗，应为典型的"翠毛蓝"。器身画面浓淡深浅，光线强弱分明，不同层次的渲染，造成多种深浅层次不同的色调，墨分五色，其画意、笔法、布局、施彩工艺等均有特定的时代韵律。

△ **青花西番莲纹花觚　清康熙**
规格：通高52厘米　口径16厘米　底径6.6厘米

　　器形规整，画工精细。敞口、长颈、圆弧肩、圆鼓形腹，胫渐收、平底、圈足。胎白质坚，施浆白釉。底露白细砂胎。青花绘西番莲纹饰。青花呈色淡雅，颈和腹连接处凸起一道弦纹。底圈绘三角形纹。底落青花新叶款。

　　进口青料烧制出来的青花瓷一般都比国产青料烧制出来的青花瓷更具收藏价值，为什么这么说呢？其实这与原料的来源有很大关系。要知道，我国古代制作青花瓷的进口青料都是采用海上贸易运输到国内，而这个时期想要获取这些进口青料都不容易，一般只有官窑中生产的青花瓷才能够用得起这种进口青料，而普通民窑中根本是无法使用到进口青料的。我国古代官窑中制作青花瓷的工匠都拥有超高的手艺，制作出来的青花瓷工艺精美，而且独具匠心，其艺术价值更是不可估量，因此利用进口原料制成的青花瓷，一定是选购的首要原则。

2 | 重工艺

青花瓷的工艺同样也是选购的重点之一,很多人不理解究竟怎样的制瓷工艺才算得上是好呢?其实,我们不妨从青花瓷的外形上去入手,先看青花瓷的造型。我们都知道历朝历代青花瓷的造型都有所不同,从青花瓷的外观上可以充分体现出青花瓷所在年代的特点,也能够充分反映出青花瓷所在年代我国经济发展的情况。一般器型比较优雅,青花瓷上的构图具有立体感的,而且图案层次分明,都被视为工艺优秀的青花瓷。

△ **青花花卉纹花觚　清康熙**
规格:通高13厘米　直径17.5厘米　底径6.6厘米

器形规整,画工精细。敞口、长颈、圆弧肩、圆鼓形腹、胫渐收、平底、圈足。胎白质坚,施浆白釉。底露白细砂胎。青花绘折枝花卉纹纹饰。青花呈色淡雅,颈和腹连接处凸起,中间绘折枝花卉。顶部和底部各绘一道弦纹。底落青花新叶款。

△ **青花开光仕女瓶　清康熙**
规格：通高13厘米　直径17.5厘米　底径6.6厘米

敞口，长颈，颈脖凸扁弧箍，圆弧肩，鼓腹，腹下渐收，高颈外撇，二层台底。胎白质坚，施浆白釉，器身作隐浮雕莲瓣形开光装饰，青花绘纹饰，呈色淡雅。口边内外绘弦纹和曲折纹边饰，颈部饰三层纹饰，分别为折枝花卉纹、团花间饰双菱纹和连珠纹。肩部绘折枝花卉纹。腹部饰六仰莲瓣形开光，绘画仕女、洞石、勾栏、花卉。浙料发色纯正浓艳。

青花瓷上的花纹图案与绘画不同，如果画画我们可以使用多种颜色去表达想要绘画的事物，但是青花瓷上的颜色却只有一种。也许很多人会担心，只有一种颜色会不会显得单一呢？这个不必担心，因为工艺好的青花瓷上的花纹图案虽然只用一种颜色勾勒，却不会给人单调的感觉。制瓷的工匠们，利用自己巧妙的构思以及运笔的深浅将同一种颜色的青料，运用得出神入化。深浅不一的颜色同样可以将事物绘制得惟妙惟肖栩栩如生。在众多的青花瓷当中，人物精致清晰明显的青花瓷，相比其他青花瓷更具收藏价值。

3 | 重发色

提到青花瓷的发色，不懂行的朋友一定会认为，青花瓷不就是青色的吗？难道还有其他的颜色？青花瓷顾名思义，颜色自然是青色的，但是青色中也带有其他颜色。青花瓷釉下发色艳丽，行内有一句话叫作"青花见五色"的青花瓷，也就是说一件青花瓷上的青色，根据深浅程度不同，可以呈现出五种颜色，像这种青花瓷是最为珍贵的青花瓷。

我国清代康熙时期是青花瓷发展的巅峰时期，这个时期生产的青花瓷有不少都成了极为珍贵的珍品。康熙时期最为出名的当属"五彩青花"，这种青花瓷是青花瓷发展史上的巅峰之作。这种所谓的"五彩青花"在烧制完成之后，可以看出纹饰图案上深浅不一且虚实多变的青色。明明是同一种青料烧制而成，却能够形成与众不同的发色，由此可见我国古代的劳动人民的智慧。在选购青花瓷时，发色也成了人们选购的重点，发色变化越多，青花瓷就越具有收藏价值。

△ **青花人物纹壶　清康熙**
规格：通高13厘米　直径17.5厘米　底径6.6厘米

器形规整端庄，胎质洁白细腻呈糯米胎。青花发色沉稳淡雅、绘画精美。壶身呈圆鼓型，壶的一端置一圆流，壶的另一端置一耳形把。盔式盖置一宝珠钮，钮上饰青花，盖面绘花卉；壶身青花绘芭蕉、洞石、飞鸟、仕女。

△ 外酱釉内青花山水花卉纹茶盏茶碟　清康熙
规格：通高13厘米　直径17.5厘米　底径6.6厘米

盏敞口，微弧壁深腹，平底，浅圈足，胎白坚实细腻，施青白釉，青花绘纹饰，内口沿绘曲折纹边饰，腹壁对饰栀枝花和菊花纹底心饰弦纹边适合图，绘折枝花卉纹。托盘敞口，浅弧壁，坦底，浅圈足，胎白质坚细腻，施青白釉，青花绘纹饰，内口沿绘曲折纹边饰，盘面，两束栀菊花对饰弦纹，底心绘折枝花卉纹，盏托、釉色泛白，青花青翠。

△ **青花花卉图直筒瓶（一对） 清康熙**
高39厘米

△ 青花釉里红松鼠葡萄花觚　清康熙

△ **青花棋琴书画图瓶　清康熙**

4 | 重款识

也许提到款识很多人会觉得，看款识就是辨别青花瓷的真假，其实款识为青花瓷带来的并不只是身份的证明，还有艺术价值的体现。款识的构成主要是以文字为主，纹饰为辅，所以书写文字的书法和图案也就成了款识的另一种价值体现。现代人可以通过青花瓷上的款识去分析古代的书画艺术，这对于人们来说也具有非常大的科研价值。

就拿清代顺治时期的青花瓷举例，这个时期的青花瓷总体来说制作工艺是比较粗糙的，青花瓷上的纹饰图案也相对比较随意一些，青花瓷的器型种类也不是很多，而且纹饰的种类也十分稀少。相比较顺治时期、康熙时期的青花瓷与其相比就显得更加高大上一些。清朝康熙时期，我国手工业发展的迅速，青花瓷的制作工艺也得到了提高，这个时期制作出来的青花瓷更加精细，而且修胎也十分讲究，在纹饰图案上也比顺治时期变得更加丰富多样。康熙时期的款识书写也十分考究，字体刚劲有力，具有极高的收藏价值。

5 | 以藏养藏

收藏青花瓷也不是一件小投资的收藏，要知道每一件青花瓷真品的价格都很高昂，有的甚至已经达到了天价。面对如此高昂的收藏费用，相信很多人都会望而却步。其实，收藏青花瓷也可以灵活一些，不需要一门心思地去收藏，可以巧妙地利用收藏去养收藏，也就是所谓的以藏养藏。

以藏养藏是非常不错的收藏方法，要知道青花瓷的价格走势每年都在攀升，虽然如此但是并不会达到股票那种大起大落的程度，所以收藏青花瓷更加适合长期持有。可是，长期持有青花瓷也会给人们带来不小的尴尬，要知道一件青花瓷的价格已经很高了，如果想要长期持有，必定会对自己的经济周转带来困难。这里建议大家不必将目光放在一件青花瓷藏品上，不妨多选几件青花瓷藏品。有些人也许会问了，一件青花瓷藏品就已经贵得离谱了，多收藏几件经济压力不是就更大了吗？其实，在多收藏几件青花瓷的同时，大家需要时刻注意青花瓷市场价格的走势，当手中的某一件藏品的价格攀升速度极快时，观察其价格的增长速度，在价格涨幅稳定的时候，就选择将其出手，这样就可以赚到一笔不错的收入。虽然持有的时间不长，但是往往这种情况也会给人们带来不小的利润。有了这笔收入之后，无疑就会减轻自己的经济压力，以藏养藏就是这个道理。

第四章 青花瓷的收藏与选购

△ 青花罗汉纹钟　明天启

△ 青花人物纹筒瓶　明崇祯

△ 青花人物故事纹卷缸　明崇祯

△ 青花人物故事图大笔筒　明崇祯

△ **青花狩猎图长颈瓶　明崇祯**

规格：高37.5厘米

△ **青花宝相花纹折沿大盘　清雍正**
规格：直径45厘米

二 青花瓷的收藏与选购技巧

青花瓷的选购对于一个外行人来说，真的是一件不容易的事情，想要在众多的青花瓷藏品中，选到一个适合做收藏的藏品实属不易。一些青花瓷行家，之所以能够做到慧眼识珠，也是经历过多年的经验累积才掌握到的选购技巧。那么，接下来我们就一起来学习一下，青花瓷的收藏与选购的技巧究竟有哪些。

△ **青花五彩鱼藻纹盘** 清康熙

规格：直径13.7厘米

1 | 提升专业知识

　　收藏青花瓷不仅是一门艺术同时也是一门学问,收藏者在选择藏品的同时,应该注意提升自己的专业知识,只有这样才能够做到慧眼识珠。想要提升自己的专业知识,必须要从以下几个方面入手。

△ **青花开光仕女花卉壶　清康熙**

规格:高16厘米　直径12厘米

清早期出口欧洲回流壶。壶身玉壶春瓶形,直流,流和壶身之间有一连接的桥梁,环形把。壶身有六道开光,开光内青花绘仕女执扇花卉图,所绘纹饰浓淡深换,釉汁凝厚而莹润。

△ **青花矾红彩花卉八棱壶　清康熙**

规格：高12厘米　直径15厘米

壶身八棱，八面开光。底部宽阔，丰肩，直流置于肩部，柄连接于肩与腹部之间。盖成八角圆拱形。八面开光内用矾红彩和青花绘菊花和花草纹。盖面在八道开光内绘小花小草。所绘纹饰色泽浓艳，釉汁凝厚而莹润。

首先，必须要坚持实践第一的原则。挑选青花瓷的时候，必须要掌握一定的理论知识，之后要结合实物进行辨识。有人特别喜欢依靠书本上的知识去购买青花瓷，可是书本上的知识毕竟不如实物来得真识，即便是写得再好的书，看到的也都是图片和文字，远远不如真正接触实物来的有效。如果单纯地靠读书是无法真正学会鉴别青花瓷的知识的，只有在正确的理论知识的引导下，经过实践之后，才能够理论实践相结合，最终才能够达到提升自己专业知识的目的。有不少行内人士，在鉴定青花瓷的时候，往往只凭借着自己的一双眼睛就可以轻易鉴定青花瓷的真假，这能说明什么？难道他们真的天赋异禀吗？当然不是了，只是这些行家见得多了，加上自己此前掌握了青花瓷的相关理论知识，所以两者结合在一起，即便不用科学方法，仅仅依靠一双眼睛就可以鉴定青花瓷的真假。

其次，一定要多读书。相信说到这里不少人又该说，之前不是说要坚持实践吗？怎么又要多读书了？实践是建立在什么上的？自然是多读书上的。人们之所以会去实践，是因为已经掌握了很多理论知识，不然没有理论知识又要依靠什么作为实践的参考呢？在阅读书籍的时候，要从青花瓷的发展历史上去学习。现如今瓷器市场上的元代青花瓷，常常都是以天价的形式出现，所以不少人会认为只要是元代青花瓷，价格都一定高得惊人。其实不然，元代青花瓷价格高昂人尽皆知，但是只限于元代的一些精品青花瓷而已，一般的民用粗品同样是不值钱的。明朝永乐、宣德一直到清朝康熙、雍正、乾隆时期的青花瓷在制作工艺上已经达到了巅峰，这些巅峰之作自然价格昂贵，可是同时期的低档产品价格还是不高。只有了解这些历史，才能够知道同一个年代中，哪一类藏品的价格高。

最后，一定要懂得在真假青花瓷对比中吸取知识。收藏选购青花瓷的重点不仅在于青花瓷的价值，还要会辨别其真伪。最好的学习方法就是将两者放在一起进行对比，这是学习鉴定青花瓷最好的方法。不少消费者在购买青花瓷时买到仿品的主要原因就在于他们没有见过真品，所以自然就少了对比的机会。所以这里建议大家在选购青花瓷之前，先不要急着下手，可以多去看看真的青花瓷，记住

△ **青花开光"西厢记"故事图碗　清康熙**
规格：直径20厘米

△ 青花五彩八仙人物纹将军罐　清顺治

△ 青花麒麟纹罐　清顺治

不要放过任何一个细节，弄清所有特点之后进行对比，最终才能够找到两者之间的差异，这对提升专业知识有很大帮助。

另外，还要提醒大家一点，想要提升自己的专业知识，不耻下问虚心求教绝对是必不可少的。经常去瓷器市场的人都知道，在市场上总是会有一些比较专业的行家，如果遇见不明白的地方多去问问也是极好的。无论对方的年龄是否比自己大，只要对方有能力，虚心求教绝对可以增长自己的专业知识。

2 ｜ 信赖专业方法

有很多消费者在选购青花瓷的时候，都想要凭借着一己之力去选择藏品，这种自信的表现其实并不是一件好事。毕竟，现在市场绝大多数的消费者，都不具备专业的鉴赏能力，对青花瓷知识能够说出一二的也只是停留在理论知识上，有过亲身实践经历的消费者少之又少，所以在选购青花瓷的时候，还建议大家要信赖专业方法才行。

此前，国外的一些专家曾经质疑过中国的鉴定青花瓷的方法，觉得中国一些鉴定专家，单单凭借着自己的眼睛，就下最终判断是草率的行为，而且觉得这种只用眼睛就鉴定的方法不科学，可信性极低。但是在中国的古瓷鉴定学中，用眼睛看的方法却是十分重要也是具有科学依据的鉴定方法之一。现如今我国鉴定青花瓷真伪时，主要的鉴定方法就是"目鉴"，虽然国外专家质疑过这种鉴定方法，但是这种鉴定方法其实是有一定科学依据的，并不是人们凭借主观臆断出来的结果。当人们用眼睛鉴定青花瓷真假的时候，先要从青花瓷的造型、纹饰、胎釉、款识以及制作工艺来逐一进行观察。观察后的结果还需要结合考古学、历史学以及文学艺术等多门学问进行分析，用眼睛鉴定青花瓷的人，脑子就好像储备了一个历代青花瓷数据库一样，而眼睛就相当于扫描仪，将青花瓷上所有的特征全部扫描到脑子里，再经过脑子里的数据库里的数据进行对比，最终才得出来的鉴定结论。现代人制造出来的科学鉴定仪器，也无非是通过判断青花瓷的胎质和釉面的化学成分进行分析，最终得出青花瓷的生产年代，而人们通过眼睛鉴定其实与机械鉴定是同样的道理。

科学仪器能够看到人们肉眼看不到的东西，可以将青花瓷的化学成分分析出来，而再犀利的肉眼都无法做到这个程度。相比较肉眼，科学仪器可以更准确地对青花瓷的胎质和胎釉进行分析，但是科学仪器也只能做到这个程度。因为它们再神奇也无法去鉴定青花瓷表面的纹饰和画意，更不要说鉴定笔法的真伪了，对于这些鉴定问题，最终还要依靠人们的眼睛并且结合青花瓷的相关知识才能实现。

总而言之，青花瓷鉴定的方法比较多样性，我们不能一味地去遵从高科技的鉴定方法，也不能够纯粹的相信自己眼睛所看见的。最正确最科学的方法就是将两者合二为一，这样才能够更加准确的鉴定出青花瓷的真伪。现如今我国在鉴定青花瓷的问题上，一般都采取三个或三个以上文物专家一起鉴定的方法，如果几个人鉴定的结果不一致，才会采取用科学仪器的方法去鉴定青花瓷。

3 | 关注青花瓷行业发展

经常关注青花瓷行业的人也许会听说这样的一个消息，经常会有人说某某处挖掘出大量的元代青花瓷，这些消息一经放出之后，让很多喜欢青花瓷的人都为之兴奋。了解青花瓷的朋友可能都知道，元代青花瓷是众多青花瓷中最为罕见的一类，迄今为止出土量十分有限，存世量更是少得可怜，所以元代青花瓷的售价也十分高昂。

坊间还经常会流传着，某些人在涉足青花瓷圈不久之后，就收藏了数件元代青花瓷藏品，一夜之间成了土豪等等，诸如此类的消息几乎每隔一段时间就会散播出来一些，其实这些消息并不可信。但是对于一些新人来说却足以让他们怦然心动，甚至有人还会想要去效仿一下碰碰运气。如果有这样的心态去选购青花瓷，那真的是会让你收获到沉痛的教训。从发现第一件仿元代青花瓷的物件开始，距今已经有三十几年的时间，虽然说仿元代青花瓷的时间并不是很长，但是自从仿元代青花瓷出现之后，仿品简直可以用铺天盖地这个词来形容了。现如今市场上元代青花瓷的数量十分稀少，而仿元代青花瓷却比比皆是，为什么仿元代青花瓷的数量这么多呢？其主要原因是，元代青花瓷制作精美是收藏的首要选择，供不应求的销售市场，也就造成了仿元代青花瓷数量剧增的现象。仿元代青花瓷的存在，不仅让商家与仿制者获取了暴力，还让消费者遭受到了不少的损失。有人会问，为什么明明知道仿元代青花瓷数量那么多，还依然有人愿意冒着买到赝品的风险去购买呢？其实这也从另一个方面反映出了人们对历史文化的憧憬以及对财富的向往。实际上，元代青花瓷的出土量十分稀少，按照最近几年的市场发展上来看，大概平均每三年会发现一件真正的元代青花瓷，由此可见其罕见程度。现如今发现的元代青花瓷藏品中，绝大多数的藏品都是日常的餐饮用具，至于制作工艺精美的摆件数量更是凤毛麟角。

目前为止，我国的青花瓷行业中，元代青花瓷由于数量稀少的缘故，所以价格高得惊人，而相对存世量比较大的清代青花瓷来说，由于制作的水平精湛，尤其是清三代的青花瓷藏品，制作工艺更是精益求精，所以这类青花瓷藏品一直都是人们选购的重点。最近几年来，清三代官窑生产的青花瓷，一直都是青花瓷收藏市场的主流藏品，近几年来这类藏品的价格更是逐渐攀升，在投资潜力上也彰显出了巨大的优势。

青花瓷作为收藏品的同时它也是一件艺术品，对于这种特殊的藏品，我们无法用具体的数字去衡量其价值。从目前的市场行情来看，清三代景德镇官窑生产的青花瓷市场需求巨大，市场价值还有很大的发展空间，具体能够涨到什么程度，最专业的人士也无法给出一个确切的答案。有些收藏者经济实力雄厚，对于喜欢的藏品更是不惜重金都要买下，所以有些在人们眼中好像不会有多值钱的青花瓷，最终可能就以一个不可思议的价格成交了，这种情况都是有可能发生的，所以青花瓷行业未来发展空间很大，想要收藏选购的朋友，平时一定要多留意，才能够把握市场行情。

三 青花瓷的选购途径

闻名于世的青花瓷，在选购的时候一定要找到正确的购买途径才行，如果购买途径错了，别说买不到一件值得收藏的青花瓷，就连买到真品青花瓷都十分困难。目前为止，购买青花瓷的途径一共有四种，即：拍卖场、展销会、网络市场以及文玩市场，这四种不同的销售途径，究竟哪一种才是最可靠的呢？

1 | 拍卖场

通过拍卖场购买青花瓷是比较好的途径，在拍卖场上进行拍卖的青花瓷一般都是精品青花瓷。最近几年，清三代的青花瓷出现在拍卖场上的次数最多。早在2002年，在嘉德曾经举办过一次瓷器工艺品拍卖专场，当天成交的多件藏品中，成交价排在前十名当中的就有四件是青花瓷，而这四件青花瓷当中有三件是清三代青花瓷，由此可见清三代青花瓷受追捧的程度有多高。

2012年在北京举办的一次秋季拍卖会上，一件清朝乾隆时期的海水祥云应龙纹梅瓶青花瓷，就以高达9775万元人民币的价格成交了。虽然这个价格相比之前拍出的亿万元高价青花瓷价格上相差甚远，但是这样的天价也足够让人震撼的。中国人对青花瓷有着特殊的情结，所以不少藏家会不惜花大笔金钱去追求一件自己欣赏的藏品。这些高价的青花瓷，一般都是在各大拍卖会上成交的，而很少有人会通过其他途径购买这样贵的青花瓷，这也就说明通过拍卖场购买青花瓷是安全可靠的。

一般能够出现在拍卖场的青花瓷，都是通过了严格的检测以及专家的鉴定之后，确认其真假之后，并且将青花瓷的历史背景全部告知买家，让买家做到心中有数。所以买家在拍卖场购买青花瓷的时候，可以更加放心，不用担心自己会被商家欺骗购买到假货。虽然说在拍卖场上购买青花瓷，在青花瓷真伪上有保证，但是一般出现在拍卖场上的青花瓷售价都不低，想要购买这类青花瓷必须要有一定的经济基础才行。

在拍卖场购买青花瓷不同于在商家手中购买，因为拍卖会上的一件青花瓷藏品，可能会有多个人去竞争拍卖，所以经常会发生价格持续被竞拍者抬高的情况发生。买家在拍卖场购买青花瓷藏品的时候，首先要为自己做一个预算，当竞拍价格已经远远超出了自己的预算时，就千万不要再头脑一热跟着继续竞拍了。拍卖场的气氛往往会比较热烈，而且随着竞拍的价格逐渐走高，不少人也会变得紧张兴奋，往往一时冲动就会花多余的冤枉钱，所以这里还要奉劝各位买家，在参加拍卖会的时候，一定要保持头脑冷静，千万别被现场气氛所感染。

2 | 展销会

展销会中的青花瓷质量也是具有保障的，商家在参加展销会之前，都会通过一系列的严格审核之后，确保商品质量保真后，才会被投放在展销会中进行售卖。消费者在展销会上购买到的青花瓷如果出现假货情况，可以直接向工商部门进行举报。

现在的一些展销会中所出售的青花瓷大多数都是现代青花瓷，很多消费者也许会觉得有点大失所望，觉得现代青花瓷相比古代青花瓷价值要低廉很多。可实际上一些处置名家的现代青花瓷的市场价值，虽然不如古时候的青花瓷价格那么高，但是也具有非常不错的升值空间，作为投资收藏都是非常不错的。

现代青花瓷在原料的选择上，基本上与古代青花瓷没有任何差异，但是在作品的创作上却存在很大差异，烧制方法也有所改变。古代工匠在烧制青花瓷的时候，多采用柴窑进行烧制，而现代工匠在烧制青花瓷的时候，多采用煤气窑进行烧制，两种不同的烧制方法，最终导致现代青花瓷与古代青花瓷出现了很大差异。古时候工匠们使用的柴窑中的火，都是利用柴火升起来的，像这种用柴火升起来的火，火苗相对是比较软的，烧制青花瓷所用的时间相对较长。而现代工匠使用的煤气窑的火焰却十分硬，烧制青花瓷所用的时间要远远少于柴窑烧制青花瓷的时间。烧制的时间短，也就意味着烧制青花瓷的成功率大大被提升了。

现代青花瓷在创作风格上也比古时候更加新颖，在创作题材的选取上也更加广泛。现代的制瓷技术要比过去更好，所以制作出来的青花瓷相比古代青花瓷也更加精美。虽说现代青花瓷的优点有这么多，但是现代青花瓷的价值却与古代青花瓷无法相提并论。不过最近几年来，由于古代青花瓷的仿品横行于世，人们常常会花大价钱购买到假货。因此不少消费者开始改变初衷,与其花钱购买到假货,还不如直接花钱购买一件精美的现代青花瓷,这也就推进了现代青花瓷的收藏。现在越来越多的人喜欢购买现代青花瓷,所以现代青花瓷的价格也水涨船高。

现如今的收藏市场上,现代青花瓷收藏也非常火爆,尤其是我国江西景德镇所生产的青花瓷,其价格更是年年翻倍。现在一件出自江西景德镇的精美青花瓷,售价也可以达到上百元人民币。这几年来青花瓷展销会也屡屡举办,喜欢青花瓷的朋友,不妨多去展销会上碰碰运气,也许就可以找到你心仪的藏品。

△ **青花加矾红彩描金花卉壶　清康熙**
规格:高12厘米　直径16厘米

康熙时期外销壶,依照外商的图样制作,纹饰中西结合。此类壶可称执壶或净手壶。鸟嘴流、耳形把,壶身用青花绘菊花和枝叶,并用矾红彩绘菊花。部分图案描金。流和把上分别用青花和矾红彩绘菊花和枝叶。

△ **青花秦琼卖马故事纹花浇　清康熙**
规格：通高13厘米　直径17.5厘米　底径6.6厘米

器形规整端庄，胎质洁白细腻呈糯米胎。青花发色沉稳淡雅、绘画精美。花浇圆长颈，身呈圆鼓型，花浇的一端置一耳形把。花浇身青花绘骏马、云朵、勾栏、芭蕉、洞石等。讲述山东济南府的秦琼卖马的故事，秦琼在潞州落了难，穷得连饭店钱也付不出，先是典押了随身的兵器金双锏，后来逼得连自己的坐骑黄骠马也卖了。可是人在倒霉的时候，样样不遂心，连马也没人要。幸而遇见了一位卖柴的老者，动了同情心，指引秦叔宝说："这西门15里外，有个二贤庄，庄上主人姓单号雄信，排行第二，人称为二员外，要买好马送朋友。"秦琼久闻潞州单雄信的大名，就由这位老者介绍到二贤庄，与单二员外见面。秦琼羞于说出真名实姓，只称姓王，拿了马钱就走，后来单雄信从别人口中获知卖马的人就是秦琼，便立刻追赶，捧着秦琼的脸说："叔宝哥哥，你端的想杀了单通也。"

第四章 青花瓷的收藏与选购　187

△ **青花开光深山访友纹盖瓶　清康熙**

规格：通高13厘米　直径17.5厘米　底径6.6厘米

　　器型规整端庄、胎质洁白细腻呈糯米胎。折料发色纯正浓艳，绘画精美绝伦。颈部青花绘折枝花卉纹、肩部开光蓝底白花绘缠枝菊纹。瓶身开光绘山水风景、人物等，墨色浓淡层次分明，远山近水人物尽收眼底，犹如一幅美丽的风景画、彰显了古代窑厂绘画大师非凡的绘画功力，清晰的描绘了古代的人间仙境。绘画清晰地描述古人不辞辛苦翻山越岭去探亲访友的场景，独钓寒江显示了古人为了招待远到而来的亲朋好友去深海捕鱼的场景……

△ **青花缠枝莲纹盖瓶　清康熙**
规格：通高13厘米　直径17.5厘米　底径6.6厘米
器型规整端庄、胎质洁白细腻呈糯米胎。绘画精美，浙料发色纯正浓艳。颈部青花绘折枝花卉纹，器身绘缠枝莲纹。

3 ｜ 网络市场

网络的发达让不少人对网络带给人们的便利生活十分享受，尤其是最近几年来电商发展得越来越快，网购已然成了人们平时购物的主要途径之一。不少消费者觉得自己平时去当地的古玩市场淘青花瓷太辛苦，与其每天泡在古玩市场里，不如在网购的世界中去淘一下自己心仪的藏品。

虽然说，网络市场上出售青花瓷的商家不占少数，但是绝大多数的商家出售的青花瓷都是仿制品，真品几乎为零。人们在网上购买青花瓷虽然方便，但是也存在很多弊端。比如说在网上购买的时候，人们通常只能通过眼睛去观看网络上商家为消费者提供的商品图片，而青花瓷与其他藏品不同，在购买的时候一定要格外注意观察，一个细微的差别，可能就会导致自己看走眼。可是，一般商家在网上销售青花瓷的时候，往往都是放一些经过PS后的图片，所以图片中的青花瓷往往与实物之间颜色存在很大差异。对于一些年代久远的青花瓷，如果单单从图片上去观察是远远不够的，必须要人们亲眼所见才行。商家为买家提供的图片，往往都是一些避重就轻的图片，一些青花瓷上的重要细节他们都不会提供给买家，所以想要通过图片去鉴别青花瓷的真假几乎是不可能的。

另外，在网上购买青花瓷很难有质量保证，因为青花瓷属于易碎商品，所以在运输的过程中难免会发生意外。当发生意外之后，一件完好的商品可能就这样付之一炬了，而商品究竟是在哪一个环节坏掉的，相信到时候就将成为一个不解之谜。如果商家不负责碎掉的商品，买家也只能干瞪眼。此外，网上出售的青花瓷真伪很难有保障，如果商家概不承认出售的商品是假货，而鉴定青花瓷的真伪也将成为一个难题。

最近几年来因为青花瓷销售而发生的网购纠纷太多了，不少买家在购买到青花瓷之后，发现货不对版后要求商家退货，而这个时候商家就会以各种理由拒绝买家的要求，甚至还会让买家出示凭证。对于这样的问题，一些网购平台也无法帮助双方解决，因此在网络市场上购买青花瓷的风险极大。

4 | 文玩市场

文玩市场上的青花瓷数量种类繁多，而且假货也比真货数量要多得多，这让不少消费者觉得烦恼，尤其是一些刚刚入门的收藏者，对于他们来讲，想要在文玩市场中淘到一件货真价实的青花瓷，真的是一件艰巨且富有挑战的任务。现在文玩市场上鱼目混珠，甚至出现了仿制品数量高过真品的情况，我们就拿元代青花瓷举个例子。

元代青花瓷存世量稀少这个是众所周知的事情，可是去过文玩市场淘过青花瓷的朋友都知道，市场中的元代青花瓷几乎家家户户都有出售。面对琳琅满目的元代青花瓷，不少刚刚入门的新手，甚至会觉得有人说元代青花瓷稀少这句话是假的。加上商家会编出各种各样曲折离奇的故事，让消费者对他们出售的青花瓷深信不疑，一些消费者甚至被商家"洗脑"之后，愿意出惊人的高价去购买仿制品。

现如今文玩市场上想要买到一件真正的青花瓷实属不易,甚至有的商家的柜台中,一件真正的青花瓷都没有。刚刚入行的朋友,肯定会在文玩市场上栽跟头,而行家也管这些新手藏家的这种花冤枉钱的行为叫作"交学费"。一般交过"学费"的藏家就会吃一堑长一智,花钱买了经验,在下次购买青花瓷的时候,一定会总结自己被骗的经验。

虽然说现在文玩市场中的青花瓷销售情况还是比较混乱,绝大多数的商家喜欢忽悠消费者。但也并不是所有的商家都是如此,也不排除有一些良心商家会出售真正的青花瓷。为了能够买到真正的青花瓷藏品,建议消费者在购买青花瓷之前,先多了解一下关于青花瓷的知识,平时可以多到市场中去实践。不要着急入手,先走走看看,之后再打听一下市场行情,市场上总是会有一些青花瓷方面的行家,不妨多向他们请教一下。多丰富自己关于鉴定青花瓷方面的知识,先掌握这方面知识之后,再寻找恰当的时机入手。

△ **青花开光缠枝花卉纹尊　清康熙**

规格：通高28厘米　直径17.5厘米　底径6.6厘米

器型规整端庄、胎质洁白细腻呈糯米胎。绘画精美,浙料发色纯正浓艳。颈部青花绘折枝花卉纹,器身荷叶形多开光绘折枝花卉纹。

四 青花瓷收藏与选购的误区

青花瓷收藏虽说不算是一门高深的学问，但如果稍有不慎同样会跌入收藏与选购的误区。尤其是最近几年青花瓷的市场价值逐渐攀升，也因此引来了无数商家从事销售青花瓷的工作，一些商家为了促进销售，会为消费者制造一些选购误区，这些误区对于行家来说算不了什么，可以轻松地一眼识破，但是对于刚刚入门的初学者来说，想要走出误区并不是一件易事。那么我们就一起来看看，青花瓷收藏与选购究竟都有哪些误区存在。

1 器型越大越好

一些喜欢青花瓷的朋友在选购青花瓷的时候，往往会有商家告知，器型越大的青花瓷越好，而一些对青花瓷知识还处在一知半解状态的消费者，就这样轻易听取了商家的意见，走进了误区当中。

在古玩行业中，流行着一句老话，叫作"躺着不如坐着的，坐着的不如站着的"，这句话中躺着的指的就是青花瓷盘碟类的器型，而坐着的指的就是杯和碗等器型，而站着的指的是瓶和罐器型的青花瓷。从这句话上来看，很多人在脑子就会形成这样一个理论，就是大件的器型收藏价格高。这句话是该行业中的老话，老话自然有一定的道理，而且在一般情况下，青花瓷大件器的经济价值和艺术价值，通常都要比小件器的高。所以说，一些器型比较大的青花瓷，一直都比器型较小的青花瓷受人喜爱。虽说如此，但是大家也不要忽视一些小器型的青花瓷，尤其是一些日常用具，比如说饮食用具、文房用具和一些小杂件，这些东西看上去不起眼，但是并不是所有的小器型青花瓷都没有收藏价值。

青花瓷饮食用具，例如：碗、盘、碟、杯等器物，日常生活中人们经常使用，所以这类青花瓷的生产量是非常大的，巨大的生产量也就导致了存世量增多，虽然价值与大器型的青花瓷没有办法相提并论，但是相比大器型的青花瓷，这类青花瓷更容易入手，可以用这些小器型的青花瓷来丰富自己的收藏，以后到市场价格上扬时还可以做调整。当然收藏小器型的青花瓷也需要注意选择一些质量好且做工精细的藏品，尤其是造型比较小巧，纹饰题材生动的小器型青花瓷，其未来的升值空间也非常不错。

其实，除了一些价值连城的大器型青花瓷藏品之外，一些文房用具，例如：笔洗、笔筒、笔架、笔杆等等，虽然造型上小巧玲珑，但是身价也是不菲的，有一些价格甚至高得令人咋舌。一件青花瓷无论器型的大小怎样，其中都凝聚着古代劳动人们的智慧与心血，同样都是历史文化的载体，所以在收藏选购青花瓷的时候，不用一门心思只将注意力放在大器型的青花瓷上。

2 | 盲目相信拍卖标价

一般我们去古玩市场购买青花瓷的时候，售卖青花瓷的商家通常都会拿出一个各个时期拍卖的图鉴给消费者看，之后他们再去介绍自己出售的藏品。众所周知，最近几年青花瓷的拍卖价格屡创新高，有很多天价青花瓷更是高得令人咋舌。早在2005年一件元代青花瓷罐"鬼谷下山图"当时就以约2.3亿人民币的价格成交，也就是说一件小小的青花瓷罐的价值，相当于整整两吨黄金，这样的高价让人不可思议。

元代青花瓷的存世量极为稀少，尤其是一些完整瓷器更是少之又少。元代青花瓷一般纹饰图案都比较单一，能够流传至今的有精美纹饰图案的青花瓷更是十分罕见，这也就成就了青花瓷的天价。其实，青花瓷的市场价值不仅仅体现在数量稀少和制作精美上，更加体现在青花瓷的历史价值，不少收藏者更加在意于青花瓷自身的文化价值，通过青花瓷上的纹饰图案，我们可以读懂不少未知的历史秘密。拍卖中形成的天价，其实是对青花瓷价值的认可，可是偏偏有些人喜欢拿青花瓷拍卖标价进行炒作。不少商家更是看准了这里蕴藏的商机，喜欢在购买青花瓷藏品的时候，去相信拍卖标价。也有不少消费者会抱着一夜暴富的心理去购买青花瓷，这样就让一些黑心商家有了可乘之机。

现如今市场上售卖的青花瓷中，能够达到拍卖会天价的青花瓷数量少得可怜，几乎处于一种零市场的状态。而绝大多数的藏品都是一些民窑的青花瓷，或者是仿制的青花瓷，这些青花瓷的售价通常都比较便宜，商家出售此类青花瓷的时候，就是抓准了买家想要捡漏的心理。世界上哪里会有那么便宜的事情呢？而且一般做青花瓷生意的商家，几乎都是青花瓷的行家，所以能够从他们的眼睛里漏掉的精品青花瓷还真的不多。想要捡漏的消费者就大可不必抱着这种态度了，在购买青花瓷藏品的时候也不必相信拍卖标价。毕竟每一件青花瓷的价值都不相同，即便外观都一样，青花瓷的内在也会有一定差别，盲目相信拍卖标价最终只能让自己花冤枉钱。

3 | 文玩市场的老古董都是精品

随着投资古玩的朋友越来越多，投资的误区也变得层出不穷，之前古玩市场中常常会听见有人说，现在古玩市场上的老古董都是值得收藏的，也具有不错的投资价值。一些年代久远的青花瓷，常常会被商家标出高价，这对于一些刚刚入门的收藏者来说，有很多人弄不清楚这类青花瓷究竟值不值那么多钱。

其实，古时候的青花瓷虽然年代久远，但并不是说所有的老古董都是精品，适于投资收藏的青花瓷重要的不在于年代有多么久远，而是在乎自身是不是精品。一些现代制瓷大师的青花瓷作品，同样具有很高的价值，这些瓷器的年代也不久远，但是依然不能忽视它们的市场价值。在一些人眼中，青花瓷从元代开始兴起，所以元代所生产的青花瓷就一定是典型的代表作，而且一定要比其他时期的青花瓷价值更高。实际上，元代青花瓷的存世量十分稀少，而且也确实符合"物以稀为贵"这一个原则，但是并不是说元代青花瓷一定都价值连城。元代时期我国青花瓷制作工艺并没有达到登峰造极的地步，甚至还处于不太成熟的阶段，只能说这个时期相比之前能够烧制出像样的瓷器，但是相比之后生产的瓷器，元代青花瓷在质量上是无法与后期青花瓷相提并论的。一些制作工艺粗糙，且没有什么欣赏价值的青花瓷，即便年代够久远，市场价值也不会很高。

现在市场上很多商家会出售元代青花瓷，其实这些市场上销售的元代青花瓷基本上都是仿制品。迄今为止，全世界发现的元代青花瓷一共只有大概300余件，所以说一般古玩市场的商铺里出售的元代青花瓷都是仿制品。元代青花瓷由于制作工艺还不够成熟，所以这个时期生产的青花瓷上的纹饰一般都比较单一，带有人物纹饰的青花瓷都价格不菲。可目前为止发现的元代青花瓷中，带有人物纹饰的青花瓷数量却只有区区九个，所以市场中出售的哪些制作工艺粗糙的带有人物纹饰的元代青花瓷，没有一件真品。

除了元代青花瓷之外，其他朝代所生产的青花瓷也是同样的道理，不是年代越久远就一定是精品。历朝历代的官窑中生产的青花瓷几乎全部都是精品，但是民窑中生产的青花瓷质量却远远不如官窑青花瓷。这是因为古时候官窑生产的青花瓷，主要是提供给皇亲贵族使用的，一般老百姓只能使用民窑中生产的青花瓷。所以官窑中的制瓷工匠手艺都是出类拔萃的，而民窑中的制瓷工匠制瓷工艺却参差不齐，制作完成的青花瓷质量自然也比较差。

综上所述可以得知，在投资收藏青花瓷的时候，千万不要只关注青花瓷的年代，却忽视了青花瓷的质量。只有精品青花瓷才值得投资收藏，但是却不是所有老古董都是精品。

△ **青花狮纹壶　清同治**

规格：高17厘米　直径18厘米

长圆鼓形器身，平底、直肩，瓷质玉白，釉面晶莹，平盖，弯流，肩上附两系用以系铜提梁。器身满绘六个青花狮子戏球纹，所绘狮子形态各异，周围饰以云水纹，狮纹是明清瓷器装饰的传统纹饰之一。狮子，体大雄壮，有兽王之称。又名狻猊，《尔雅》说"狻猊……食虎豹"。又《宋书》："外国有狮子，威服百兽。"故狮纹具有驱辟邪祟的寓意。

4 | 盲目相信瓷器的故事

在瓷器市场上经常可以见到一些不懂装懂的消费者，这些消费者往往都是读了几本书之后，见过一些青花瓷的图鉴，想要凭借着自己掌握的这点鸡毛蒜皮的知识去试试身手。对于这样的消费者，经常混迹青花瓷圈的人，怎么可能会看不出来是真行家还是假把式呢？通常商家在见到这类消费者的时候，都会装出崇拜的样子，并且一直夸赞对方多么厉害，懂得有多么多。不少消费者听到商家的夸奖之后，都会有点飘飘然的感觉，商家也会借机给这样的消费者灌一点迷汤进去。

一般消费者在购买青花瓷的时候，都会询问一下青花瓷的出处，有些商家不等消费者询问就会开始自圆其说起来。通常商家都会将青花瓷的发展史给消费者讲述一番，当消费者对青花瓷的发展史了解一些之后，商家就会开始讲述出售的藏品的来历了。一般情况下，商家都会讲藏品的来历说得神乎其神，甚至连经过了多少个人的手都能够说得一清二楚。很多消费者在听了商家讲述的关于瓷器的故事之后，都会对眼前藏品的信任度提升。尤其是商家在出售一些高仿青花瓷的时候，更是喜欢将故事说的活灵活现，甚至还会拿出一些图鉴给消费者看，证实自己所出售商品的真实性。

其实我们在购买青花瓷的时候，尤其是一些商家将青花瓷描述得珍贵无比的时候，一定要多留一个心眼，毕竟越是珍贵的文物，收藏的陷阱就会越大。一些商家介绍升值空间大的青花瓷，而他们的售价看上去却十分的"物美价廉"，这样的商品在购买的时候就要掂量一下商家讲述故事的真实性。毕竟商家在做青花瓷生意的时候，也是抱着赚钱的想法，如果升值空间巨大，那么商家又为什么要低价出售呢？面对售价便宜的青花瓷，消费者脑子里一定要多想想这些问题，不要一味地盲目相信商家讲的瓷器故事。

如果想要做投资收藏青花瓷，事先一定要多学习这方面的知识，多收集一下这方面的资料。如果有条件最好多认识几个青花瓷方面的专家，平日里可以多请教一下关于青花瓷投资收藏方面的知识，并且多接触一些青花瓷的真品实物。要做到多看、多学、多研究，尽量少听商家讲的那些动听的故事。

第五章

青花瓷的养护

虽说青花瓷上的花纹颜色经久不衰，可如果养护不得当，同样会给青花瓷带来不小的损害。有些人由于不了解青花瓷养护知识，往往是一件好的藏品到手之后，虽然对青花瓷物件关爱备至，可是最终还是没能让青花瓷逃过损坏的命运，这就是不懂得青花瓷养护知识的下场。这一章中，我将为大家讲讲，青花瓷究竟要如何养护。

一 青花瓷的日常清洗

青花瓷不同于我们平时日常生活中瓷质的碗碟，清洗的过程也与刷碗完全不同，千万不要对青花瓷的日常清洗工作想得过于简单。

青花瓷在清洗的时候，一定要采用手洗的方式进行，因为青花瓷的胎釉比较娇嫩，如果清洗不当很容易划伤胎釉，甚至为瓷器带来不可修复的损伤。切记不要使用材质过于粗糙的抹布，要尽量选择质地柔软的纯棉质地的棉布进行擦拭，这样才能够确保青花瓷表面的胎釉不受损伤。一些小件的青花瓷，人们常常会将它们用洗碗机进行清洗，大家都觉得洗碗机清洗之后会更加干净，岂不知如果使用的洗碗机不带有专门清洗瓷器的功能的话，青花瓷在经过洗碗机清洗之后，就会受到破坏。

清洗青花瓷的时候，一定要注意调试好水温，让水温尽量不要超过70℃，而且不要将青花瓷长时间浸泡在热水当中。青花瓷在长时间接触高水温之后，瓷器的外部就会受到高温影响发生改变，最终影响瓷器的美观度。有些青花瓷上会带有一些污渍，这些污渍由于长时间停留在青花瓷的表面，所以想要轻易洗掉是非常困难的。那么对于那些难以清除的污渍，我们究竟要如何处理呢？如果瓷器表面沾有难以去除的污渍，先不要想着用粗暴的手段去清理，可以先用食醋或者柠檬汁试试看，一般使用这两种方式进行清洗之后，污渍都会被清洗干净，而且还不会伤害到青花瓷的胎釉。

第五章 青花瓷的养护

△ 青花凤凰牡丹纹盘　清康熙
规格：通高13厘米　直径17.5厘米　底径6.6厘米

盘敞口，弧壁，圈足，足粘窑砂，底施釉不满，露细沙胎。盘内壁青花绘牡丹花卉。内底绘凤凰两只，屹立于云石之上，翘首远眺。青花发色浓重，画工豪放细腻。

在清洗干净之后,接下来可以采用自然风干的方式让青花瓷变干,也可以用一些柔软吸水的棉布进行擦拭。有人会说这两种方式中,自然风干的方式用时实在太长,而用柔软棉布擦拭的方法又浪费体力,既然两种方式都不好,那么采用烘干设备将其弄干可不可以呢?这个当然是不可以的,青花瓷无论是放在烘干设备当中还是消毒柜当中,都是会对青花瓷造成危害的,所以这些烘干方式并不适合青花瓷。

△ 青花凤凰牡丹纹盘　清康熙

规格:通高13厘米　直径17.5厘米　底径6.6厘米

盘敞口,弧壁,圈足,足粘窑砂,底施釉不满,露细沙胎。盘内壁青花绘牡丹花卉。内底绘凤凰两只,屹立于云石之上,翘首远眺。青花发色浓重,画工豪放细腻。

最后还要提醒大家一下，在冬季清洗青花瓷的时候，一定要格外注意控制水温。因为冬天的时候气温比较低，青花瓷本身会处于低温状态，如果在清洗青花瓷的时候，水温太高的话，冰凉的青花瓷进入热水中，很容易发生爆裂。另外，在清洗青花瓷的时候，最好选择木质容器或者塑料容器盛水，切勿使用瓷盆、水泥盆或者铁盆盛水，以免过硬的材质与青花瓷发生碰撞后，让青花瓷受到损伤。

△ **青花凤凰牡丹纹盘　清康熙**

规格：通高13厘米　直径17.5厘米　底径6.6厘米

盘敞口，弧壁，圈足，足粘窑砂，底施釉不满，露细沙胎。盘内壁青花绘牡丹花卉。内底绘凤凰两只，屹立于云石之上，翘首远眺。青花发色浓重，画工豪放细腻。

△ **青花凤凰牡丹纹盘　清康熙**

规格：通高13厘米　直径17.5厘米　底径6.6厘米

　　盘敞口，弧壁，圈足，足粘窑砂，底施釉不满，露细沙胎。盘内壁青花六开光内绘折枝牡丹。内底绘早期凤凰一只，屹立于云石之上，翘首远眺。青花发色浓重，画工豪放细腻。

二 移动青花瓷的技巧

　　我在之前的章节中也介绍过关于青花瓷摆设的作用，很多人喜欢用青花瓷布风水阵，布阵的时候就涉及要移动青花瓷。如果是小件青花瓷的话，在移动的时候尚且好说，但是如果是大件青花瓷的话，在移动的时候可就要讲究一点技巧

△ **青花凤凰牡丹纹盘　清康熙**

规格：通高13厘米　直径17.5厘米　底径6.6厘米

盘敞口，弧壁，圈足，足粘窑砂，底施釉不满，露细沙胎。盘内壁青花绘牡丹花卉。内底绘凤凰两只，屹立于云石之上，翘首远眺。青花发色浓重，画工豪放细腻。

了。如果没有掌握移动技巧的话，在移动的过程中就很容易对其造成损坏。

　　器型比较大的青花瓷瓷罐和瓷瓶在制作的时候，通常都会采用两端拼接的方式制成，由于体型比较大，物件的重量也会相对较大，想要移动它们就必须要掌握一定技巧才行。有人习惯性用一只手固定住青花瓷的颈部，抓住器物中颈部最细的部分，只要掌握好就可以将其移动。其实，在移动器型比较大的青花瓷的时候，并不能只用一只手掌握颈部，还要用另外一只手托住青花瓷的底部。如果只拿青花瓷的颈部，很可能因为重量太大，导致原来拼接的部分发生分离。另外，一些青花瓷的器物带有双耳，很多人习惯性提着双耳移动它们，可是青花瓷双耳的实际用途并不是供人们提拉瓷器之用的，多半都是用于装饰用的。绝大多数青花瓷的双耳都无法承受整个身体的重量，所以单单提拉双耳移动青花瓷，是很容易因为重量过大而导致双耳折断或者对青花瓷自身造成损坏。

△ **青花凤凰牡丹纹盘　清康熙**

规格：通高13厘米　直径17.5厘米　底径6.6厘米

盘敞口，弧壁，圈足，足粘窑砂，底施釉不满，露细沙胎。盘内壁青花绘牡丹花卉。内底绘凤凰一只，伫立于溪河之边，翘首远眺。青花发色浓重，画工豪放细腻。

△ **青花凤凰牡丹纹盘　清康熙**

规格：通高13厘米　直径17.5厘米　底径6.6厘米

盘敞口，弧壁，圈足，足粘窑砂，底施釉不满，露细沙胎。盘内壁青花绘牡丹花卉。内底绘早期凤凰一只，屹立于溪河边，翘首远眺。青花发色浓重，画工豪放细腻。

△ **青花粉彩雕狮壶　清雍正**

规格：高16厘米　直径21厘米

　　圆鼓形壶身开四个圆形光，开光内浮雕几何形牡丹花并饰粉彩。壶流和壶把上各塑两个狮子，嵌进式壶盖上塑一小狮子。狮子施篮釉幽靓素雅。三个狮子造型生动可爱，栩栩如生。

△ **青花竹梅庭院纹壶　清雍正**

规格：高16厘米　直径21厘米

　　扁圆鼓形壶身。矮圈足，多棱直流，耳形柄上设计有精巧的拇指按。嵌进式壶盖附宝珠钮。壶身青花绘竹、梅。菱形开光内绘庭院楼阁。青花幽靓素雅、清新明快，绘法简练雅致。

除了一些体型比较大的青花瓷器之外，一些比较重的青花瓷在移动的时候也需要格外注意。比如说一些大盘、大碗非常重，在移动它们的时候，必须要双手捧着它们，或者用一只手的拇指和食指紧紧扣住青花瓷的边缘，再用另一只手的四指以及手掌托住青花瓷的底部进行移动。切忌不要用一只手扣住青花瓷的边缘进行移动，防止青花瓷会因为重量过大而发生断裂。

青花瓷中有一些瓷胎比较薄的物件，这些物件平日里看上去就娇柔的很，所以在移动安放的时候也同样需要加倍呵护才行。切忌不要只用一只手移动，虽然重量轻但是同样需要用两只手同时捧起它进行移动，以免手滑导致青花瓷掉落。尤其是一些质地比较轻薄的青花瓷瓶，这类青花瓷物件质地轻薄，而且个头比较高，这样一来它们就更容易受到损坏，如果风大很容易将它们吹倒，所以在陈列的时候一定要格外小心，切忌将其放在风口的位置，以免被风吹落。

△ **青花粉彩开光人物花鸟壶　清乾隆**

规格：高15厘米　直径22.5厘米

此壶圆鼓形壶身，矮圈足，胎质细腻施白釉。壶身两面青花菱形开光。开光内粉彩绘相夫教子图。圆弯流，环形把。宝珠钮盔式盖。盖上青花绘花卉纹，流口和钮上描金，为典型的乾隆期中西结合的外销壶。

第五章 青花瓷的养护

△ **青花攀枝折桂纹壶　清乾隆**

规格：高15厘米　直径19厘米

　　圆鼓形壶身，圈足、直颈，壶及盖遍施白釉。壶肩一圈卷草纹。壶身四面开光，开光之间用回纹。两面开光内用青花绘传统的攀枝折桂图，另两面绘青花牡丹纹。多棱流和把分别塑成龙首龙尾状，青花点缀。宝珠钮盔式盖，盖沿绘一圈菱形花卉纹，盖面四面开光，分别绘牡丹花卉。

另外，有不少青花瓷都是带盖或者带座的，这种分为两部分的青花瓷物件，在移动的时候千万不要图省事，两个物件放在一起端着移动，以防会出现底座不稳或者盖子滑落等现象。对于一些带有铂金或者黄金装饰的青花瓷，千万不要将其放在微波炉中进行加热，不然这些镶嵌在上面的金属可就要遭殃了。

△ 青花神龙见尾不见首纹壶　清道光

规格：高17厘米　直径22厘米

圆鼓形壶身，短直颈，圈足，盔帽式壶盖附狮子钮。壶的一侧设龙头造型壶流，与之对称处设耳形把。壶身遍施白釉，盖和壶身通景青花绘"神龙见尾不见首"纹，壶下部青花绘一圈水波纹。

三 青花瓷存放禁忌

作为一名青花瓷的收藏者来说，不仅要懂得如何选择一件值得收藏的青花瓷，更要懂得如何正确地存放这些价值不菲的青花瓷。一件精美的青花瓷如果存放不得当，很容易对青花瓷造成不可修复的伤害。存放青花瓷对周围的环境有一定要求，下面我们就一起来了解一下，在存放青花瓷的时候，都有哪些禁忌。

△ **青花折枝花卉纹双管瓶　清康熙**

规格：通高28厘米　直径17.5厘米　底径6.6厘米

器型规整端庄、胎质洁白细腻呈糯米胎。绘画精美，浙料发色纯正浓艳。颈部青花绘折枝花卉纹，器身荷叶形多开光绘折枝花卉纹。

首先，存放青花瓷的环境一定要注意光线。我们都知道光线中含有紫外线，当紫外线照射在青花瓷表面的时候，如果短时间可能不会对青花瓷造成什么伤害，但是如果长时间照射的话，青花瓷表面的颜色就会发生改变。这种改变形成的速度往往很慢，但是日积月累之后，这种改变对青花瓷的影响就会逐渐显现出来。所以，在存放青花瓷的时候，要尽量避免存放在阳光能够直接照射到的位置。如果是屋子里阳光比较充足，在太阳照射比较强的时候，最好将屋内的窗帘拉上，避免阳光射进来照在青花瓷上。另外，存放青花瓷房间内的灯最好选择白炽灯，但切忌白炽灯不能够太靠近青花瓷，以免白炽灯发出的热量影响到青花瓷。

△ **青花西番莲纹盖杯　清康熙**

规格：通高28厘米　直径17.5厘米　底径6.6厘米

器型规整端庄、胎质洁白细腻呈糯米胎。绘画精美，浙料发色纯正浓艳。颈部青花绘折枝花卉纹，器身荷叶形多开光绘折枝花卉纹。

△ **青花缠枝莲直桶壶　清雍正**

规格：高17.7厘米　直径12厘米

长圆桶形壶身，弯流，环形把。壶体与壶流、壶柄比例适度，和谐统一，端庄大方。流和把上用青花点缀。壶身遍绘青花单描缠枝莲纹，壶肩绘缠枝莲纹。青花幽靓素雅、清新明快，宝珠钮盖绘缠枝莲纹。

△ **青花加彩八宝纹奶壶　清乾隆**

规格：高15厘米　直径14厘米

　　瓜形壶身、雀嘴流。宝珠钮盔式盖。壶肩两道青花弦纹，弦纹内矾红彩绘云纹。壶盖和壶身青花加彩绘八宝纹并描金。率意豪放，色泽艳丽。

其次,要调整存放青花瓷房间内的温度和湿度。前面我已经提到过了,温度会对青花瓷造成影响,所以千万不要将青花瓷存放在温度较高的环境当中。也许不少人会觉得,既然不能够将青花瓷存放在温度较高的环境中,那么就为青花瓷找一个温度比较低的地方吧!因此一些车库、地下室或者阁楼也就成了青花瓷的栖身之所,其实不少的收藏者都喜欢将青花瓷存放在这些地方,但岂不知青花瓷却一点都不喜欢这种栖身之所。上述的几个存放地点都比较潮湿,而且温度变化也不稳定,这样的环境根本不适合存放青花瓷。因为青花瓷如果长时间存放在一个潮湿的环境中,青花瓷表面就会生长出一些霉菌和有害物质,这些肉眼看不到的东西,很快就会进入青花瓷内部进行破坏。这里建议收藏者,尽量保持室内湿度为50%左右,且屋子内通风良好,温度能够长时间保持不变。

△ **青花攀枝折桂纹壶　清乾隆**

规格:高15厘米　直径19厘米

　　圆鼓形壶身,圈足、直颈,壶及盖遍施白釉。壶肩一圈卷草纹。壶身用青花绘传统的攀枝折桂图,圆直流和把分别用青花点缀。宝珠钮盔式盖,盖沿绘一圈菱形花卉纹,盖面绘牡丹花卉。

△ **青花山水人物纹壶　清道光**

规格：高23厘米　直径15厘米

　　细长直颈圆鼓壶身，平底，壶身青花绘山水人物。纹饰线条纤细流畅，层次丰富，富构图严谨、绘工精细。壶颈和壶肩处设一弯把，把两头塑螭龙螭龙尾，青花点缀。

△ **青花云龙纹扁壶　清光绪**

规格：高31.5厘米　直径24.5厘米

此壶形式由春秋铜扁壶演变而来。扁圆器身，高直颈，高圈足，拱形盖附宝珠钮，多棱曲柄、弯流，器身饰冰梅纹，两面开光，一面绘五爪龙纹，一面绘凤凰纹，旁饰云火纹。足部饰璎珞纹。

最后还要提醒各位收藏者，存放青花瓷的房间内最好不要饲养宠物。一些活泼好动的宠物，例如：猫、狗等。这些宠物平时在家里会经常跑跳，所以很容易将摆放在家中的青花瓷打破，因此需要格外注意。对于珍贵的青花瓷藏品，最好可以存放在锦盒当中，这样对于藏品的保护更加有力。

△ **青花菊花鹌鹑纹壶　清光绪**
规格：高17.7厘米　直径12厘米

梨形壶身，直颈，圈足，拱形盖附宝珠钮，圆曲柄，圆弯流上青花点缀，器身两面青花绘菊花、洞石和鸟。

菊花以其品性的素洁高雅、色彩的绚丽缤纷、风骨的坚贞顽强和意趣的丰富多彩而备受古代文人的亲睐。